TADJIK
VOCABULAIRE

POUR L'AUTOFORMATION

FRANÇAIS
TADJIK

Les mots les plus utiles
Pour enrichir votre vocabulaire et aiguiser
vos compétences linguistiques

5000 mots

Vocabulaire Français-Tadjik pour l'autoformation. 5000 mots
Dictionnaire thématique
Par Andrey Taranov

Les dictionnaires T&P Books ont pour but de vous aider à apprendre, à mémoriser et à réviser votre vocabulaire en langue étrangère. Ce dictionnaire thématique couvre tous les grands domaines du quotidien: l'économie, les sciences, la culture, etc ...

Acquérir du vocabulaire avec les dictionnaires thématiques T&P Books vous offre les avantages suivants:

- Les données d'origine sont regroupées de manière cohérente, ce qui vous permet une mémorisation lexicale optimale
- La présentation conjointe de mots ayant la même racine vous permet de mémoriser des groupes sémantiques entiers (plutôt que des mots isolés)
- Les sous-groupes sémantiques vous permettent d'associer les mots entre eux de manière logique, ce qui facilite votre consolidation du vocabulaire
- Votre maîtrise de la langue peut être évaluée en fonction du nombre de mots acquis

Copyright © 2016 T&P Books Publishing

Tous droits réservés. Sans permission écrite préalable des éditeurs, toute reproduction ou exploitation partielle ou intégrale de cet ouvrage est interdite, sous quelque forme et par quelque procédé (électronique ou mécanique) que ce soit, y compris la photocopie, l'enregistrement ou le recours à un système de stockage et de récupération des données.

T&P Books Publishing
www.tpbooks.com

ISBN: 978-1-78400-244-2

Ce livre existe également en format électronique.
Pour plus d'informations, veuillez consulter notre site: www.tpbooks.com ou rendez-vous sur ceux des grandes librairies en ligne.

VOCABULAIRE TADJIK POUR L'AUTOFORMATION
Dictionnaire thématique

Les dictionnaires T&P Books ont pour but de vous aider à apprendre, à mémoriser et à réviser votre vocabulaire en langue étrangère. Ce lexique présente, de façon thématique, plus de 5000 mots les plus fréquents de la langue.

- Ce livre comporte les mots les plus couramment utilisés
- Son usage est recommandé en complément de l'étude de toute autre méthode de langue
- Il répond à la fois aux besoins des débutants et à ceux des étudiants en langues étrangères de niveau avancé
- Il est idéal pour un usage quotidien, des séances de révision ponctuelles et des tests d'auto-évaluation
- Il vous permet de tester votre niveau de vocabulaire

Spécificités de ce dictionnaire thématique:

- Les mots sont présentés de manière sémantique, et non alphabétique
- Ils sont répartis en trois colonnes pour faciliter la révision et l'auto-évaluation
- Les groupes sémantiques sont divisés en sous-groupes pour favoriser l'apprentissage
- Ce lexique donne une transcription simple et pratique de chaque mot en langue étrangère

Ce dictionnaire comporte 155 thèmes, dont:

les notions fondamentales, les nombres, les couleurs, les mois et les saisons, les unités de mesure, les vêtements et les accessoires, les aliments et la nutrition, le restaurant, la famille et les liens de parenté, le caractère et la personnalité, les sentiments et les émotions, les maladies, la ville et la cité, le tourisme, le shopping, l'argent, la maison, le foyer, le bureau, la vie de bureau, l'import-export, le marketing, la recherche d'emploi, les sports, l'éducation, l'informatique, l'Internet, les outils, la nature, les différents pays du monde, les nationalités, et bien d'autres encore …

TABLE DES MATIÈRES

Guide de prononciation	9
Abréviations	11

CONCEPTS DE BASE	12
Concepts de base. Partie 1	12
1. Les pronoms	12
2. Adresser des vœux. Se dire bonjour. Se dire au revoir	12
3. Comment s'adresser à quelqu'un	13
4. Les nombres cardinaux. Partie 1	13
5. Les nombres cardinaux. Partie 2	14
6. Les nombres ordinaux	15
7. Les nombres. Fractions	15
8. Les nombres. Opérations mathématiques	15
9. Les nombres. Divers	16
10. Les verbes les plus importants. Partie 1	16
11. Les verbes les plus importants. Partie 2	17
12. Les verbes les plus importants. Partie 3	18
13. Les verbes les plus importants. Partie 4	19
14. Les couleurs	20
15. Les questions	20
16. Les prépositions	21
17. Les mots-outils. Les adverbes. Partie 1	21
18. Les mots-outils. Les adverbes. Partie 2	23

Concepts de base. Partie 2	25
19. Les jours de la semaine	25
20. Les heures. Le jour et la nuit	25
21. Les mois. Les saisons	26
22. Les unités de mesure	28
23. Les récipients	29

L'HOMME	30
L'homme. Le corps humain	30
24. La tête	30
25. Le corps humain	31

Les vêtements & les accessoires	32
26. Les vêtements d'extérieur	32
27. Men's & women's clothing	32

28. Les sous-vêtements	33
29. Les chapeaux	33
30. Les chaussures	33
31. Les accessoires personnels	34
32. Les vêtements. Divers	34
33. L'hygiène corporelle. Les cosmétiques	35
34. Les montres. Les horloges	36

Les aliments. L'alimentation   37

35. Les aliments	37
36. Les boissons	38
37. Les légumes	39
38. Les fruits. Les noix	40
39. Le pain. Les confiseries	41
40. Les plats cuisinés	41
41. Les épices	42
42. Les repas	43
43. Le dressage de la table	44
44. Le restaurant	44

La famille. Les parents. Les amis   45

45. Les données personnelles. Les formulaires	45
46. La famille. Les liens de parenté	45

La médecine   47

47. Les maladies	47
48. Les symptômes. Le traitement. Partie 1	48
49. Les symptômes. Le traitement. Partie 2	49
50. Les symptômes. Le traitement. Partie 3	50
51. Les médecins	51
52. Les médicaments. Les accessoires	51

L'HABITAT HUMAIN   53
La ville   53

53. La ville. La vie urbaine	53
54. Les institutions urbaines	54
55. Les enseignes. Les panneaux	55
56. Les transports en commun	56
57. Le tourisme	57
58. Le shopping	58
59. L'argent	59
60. La poste. Les services postaux	60

Le logement. La maison. Le foyer   61

61. La maison. L'électricité	61

62. La villa et le manoir	61	
63. L'appartement	61	
64. Les meubles. L'intérieur	62	
65. La literie	63	
66. La cuisine	63	
67. La salle de bains	64	
68. Les appareils électroménagers	65	

LES ACTIVITÉS HUMAINS 66
Le travail. Les affaires. Partie 1 66

69. Le bureau. La vie de bureau	66
70. Les processus d'affaires. Partie 1	67
71. Les processus d'affaires. Partie 2	68
72. L'usine. La production	69
73. Le contrat. L'accord	70
74. L'importation. L'exportation	71
75. La finance	71
76. La commercialisation. Le marketing	72
77. La publicité	73
78. Les opérations bancaires	73
79. Le téléphone. La conversation téléphonique	74
80. Le téléphone portable	75
81. La papeterie	75
82. Les types d'activités économiques	76

Le travail. Les affaires. Partie 2 78

83. Les foires et les salons	78
84. La recherche scientifique et les chercheurs	79

Les professions. Les métiers 81

85. La recherche d'emploi. Le licenciement	81
86. Les hommes d'affaires	81
87. Les métiers des services	82
88. Les professions militaires et leurs grades	83
89. Les fonctionnaires. Les prêtres	84
90. Les professions agricoles	84
91. Les professions artistiques	85
92. Les différents métiers	85
93. Les occupations. Le statut social	87

L'éducation 88

94. L'éducation	88
95. L'enseignement supérieur	89
96. Les disciplines scientifiques	90
97. Le système d'écriture et l'orthographe	90
98. Les langues étrangères	91

| Les loisirs. Les voyages | 93 |

99. Les voyages. Les excursions	93
100. L'hôtel	93

LE MATÉRIEL TECHNIQUE. LES TRANSPORTS — 95
Le matériel technique — 95

101. L'informatique	95
102. L'Internet. Le courrier électronique	96
103. L'électricité	97
104. Les outils	97

Les transports — 100

105. L'avion	100
106. Le train	101
107. Le bateau	102
108. L'aéroport	103

Les grands événements de la vie — 105

109. Les fêtes et les événements	105
110. L'enterrement. Le deuil	106
111. La guerre. Les soldats	106
112. La guerre. Partie 1	108
113. La guerre. Partie 2	109
114. Les armes	110
115. Les hommes préhistoriques	112
116. Le Moyen Âge	113
117. Les dirigeants. Les responsables. Les autorités	114
118. Les crimes. Les criminels. Partie 1	115
119. Les crimes. Les criminels. Partie 2	116
120. La police. La justice. Partie 1	117
121. La police. La justice. Partie 2	118

LA NATURE — 120
La Terre. Partie 1 — 120

122. L'espace cosmique	120
123. La Terre	121
124. Les quatre parties du monde	122
125. Les océans et les mers	122
126. Les noms des mers et des océans	123
127. Les montagnes	124
128. Les noms des chaînes de montagne	125
129. Les fleuves	125
130. Les noms des fleuves	126
131. La forêt	126
132. Les ressources naturelles	127

La Terre. Partie 2 — 129

133. Le temps — 129
134. Les intempéries. Les catastrophes naturelles — 130

La faune — 131

135. Les mammifères. Les prédateurs — 131
136. Les animaux sauvages — 131
137. Les animaux domestiques — 132
138. Les oiseaux — 133
139. Les poissons. Les animaux marins — 135
140. Les amphibiens. Les reptiles — 135
141. Les insectes — 136

La flore — 137

142. Les arbres — 137
143. Les arbustes — 137
144. Les fruits. Les baies — 138
145. Les fleurs. Les plantes — 139
146. Les céréales — 140

LES PAYS DU MONDE. LES NATIONALITÉS — 141

147. L'Europe de l'Ouest — 141
148. L'Europe Centrale et l'Europe de l'Est — 141
149. Les pays de l'ex-U.R.S.S. — 142
150. L'Asie — 142
151. L'Amérique du Nord — 143
152. L'Amérique Centrale et l'Amérique du Sud — 143
153. L'Afrique — 143
154. L'Australie et Océanie — 144
155. Les grandes villes — 144

GUIDE DE PRONONCIATION

Lettre	Exemple en tadjik	Alphabet phonétique T&P	Exemple en français
А а	Раҳмат!	[a]	classe
Б б	бесоҳиб	[b]	bureau
В в	вафодорӣ	[v]	rivière
Г г	гулмоҳӣ	[g]	gris
Ғ ғ	мурғобӣ	[ʁ]	R vibrante
Д д	мадд	[d]	document
Е е	телескоп	[e:]	aller
Ё ё	сайёра	[jɔ]	pavillon
Ж ж	аждаҳо	[ʒ]	jeunesse
З з	сӯзанда	[z]	gazeuse
И и	шифт	[i]	stylo
Ӣ ӣ	обчакорӣ	[i:]	industrie
Й й	ҳайкал	[j]	maillot
К к	коргардон	[k]	bocal
Қ қ	нуқта	[q]	cadeau
Л л	пилла	[l]	vélo
М м	мусиқачӣ	[m]	minéral
Н н	нонвой	[n]	ananas
О о	посбон	[o:]	tableau
П п	папка	[p]	panama
Р р	чароғак	[r]	racine, rouge
С с	суръат	[s]	syndicat
Т т	тарқиш	[t]	tennis
У у	муҳаррик	[u]	boulevard
Ӯ ӯ	кӯшк	[œ]	neuf
Ф ф	фурӯш	[f]	formule
Х х	хушксолӣ	[x]	scots - nicht, allemand - Dach
Ҳ ҳ	чарогоҳ	[h]	[h] aspiré
Ч ч	чароғ	[tʃ]	match
Ҷ ҷ	ҷанҷол	[dʒ]	adjoint
Ш ш	нашриёт	[ʃ]	chariot
Ъ ъ [1]	таърихдон	[:], [ʔ]	muet
Э э	эҳтимолӣ	[ɛ]	faire
Ю ю	юнонӣ	[ju]	voyou
Я я	яхбурча	[ja]	caviar

Remarques

[1] [:] - Allonge la voyelle précédente; ['] - Après consonnes est utilisé comme un «signe dur»

ABRÉVIATIONS
employées dans ce livre

Abréviations en français

adj	-	adjective
adv	-	adverbe
anim.	-	animé
conj	-	conjonction
dénombr.	-	dénombrable
etc.	-	et cetera
f	-	nom féminin
f pl	-	féminin pluriel
fam.	-	familiar
fem.	-	féminin
form.	-	formal
inanim.	-	inanimé
indénombr.	-	indénombrable
m	-	nom masculin
m pl	-	masculin pluriel
m, f	-	masculin, féminin
masc.	-	masculin
math	-	mathematics
mil.	-	militaire
pl	-	pluriel
prep	-	préposition
pron	-	pronom
qch	-	quolque chose
qn	-	quelqu'un
sing.	-	singulier
v aux	-	verbe auxiliaire
v imp	-	verbe impersonnel
vi	-	verbe intransitif
vi, vt	-	verbe intransitif, transitif
vp	-	verbe pronominal
vt	-	verbe transitif

CONCEPTS DE BASE

Concepts de base. Partie 1

1. Les pronoms

je	ман	[man]
tu	ту	[tu]
il	ӯ, вай	[œ], [vaj]
elle	ӯ, вай	[œ], [vaj]
ça	он	[on]
nous	мо	[mo]
vous	шумо	[ʃumo]
vous (form., sing.)	Шумо	[ʃumo]
vous (form., pl)	Шумо	[ʃumo]
ils, elles (inanim.)	онон	[onon]
ils, elles (anim.)	онҳо, вайҳо	[onho], [vajho]

2. Adresser des vœux. Se dire bonjour. Se dire au revoir

Bonjour! (fam.)	Салом!	[salom]
Bonjour! (form.)	Ассалом!	[assalom]
Bonjour! (le matin)	Субҳатон ба хайр!	[subhaton ba χajr]
Bonjour! (après-midi)	Рӯз ба хайр!	[rœz ba χajr]
Bonsoir!	Шом ба хайр!	[ʃom ba χajr]
dire bonjour	саломалейк кардан	[salomalejk kardan]
Salut!	Ассалом! Салом!	[assalom salom]
salut (m)	воҳӯрдӣ	[voχœrdi:]
saluer (vt)	воҳӯрдӣ кардан	[voχœrdi: kardan]
Comment allez-vous?	Корҳоятон чӣ хел?	[korhojaton tʃi: χel]
Comment ça va?	Корҳоят чӣ хел?	[korhojat tʃi: χel]
Quoi de neuf?	Чӣ навигарӣ?	[tʃi: navigari:]
Au revoir! (form.)	То дидан!	[to didan]
Au revoir! (fam.)	Хайр!	[χajr]
À bientôt!	То воҳӯрии наздик!	[to voχœri:i nazdik]
Adieu! (fam.)	Падруд!	[padrud]
Adieu! (form.)	Хайрбод! Падруд!	[χajrbod padrud]
dire au revoir	падруд гуфтан	[padrud guftan]
Salut! (À bientôt!)	Хайр!	[χajr]
Merci!	Раҳмат!	[rahmat]
Merci beaucoup!	Бисёр раҳмат!	[bisjɔr rahmat]

Je vous en prie	Марҳамат!	[marhamat]
Il n'y a pas de quoi	Намеарзад	[namearzad]
Pas de quoi	Намеарзад	[namearzad]
Excuse-moi!	Бубахш!	[bubaxʃ]
Excusez-moi!	Бубахшед!	[bubaxʃed]
excuser (vt)	афв кардан	[afv kardan]
s'excuser (vp)	узр пурсидан	[uzr pursidan]
Mes excuses	Маро бубахшед	[maro bubaxʃed]
Pardonnez-moi!	Бубахшед!	[bubaxʃed]
pardonner (vt)	бахшидан	[baxʃidan]
C'est pas grave	Ҳеч гап не	[hetʃ gap ne]
s'il vous plaît	илтимос	[iltimos]
N'oubliez pas!	Фаромӯш накунед!	[faromœʃ nakuned]
Bien sûr!	Албатта!	[albatta]
Bien sûr que non!	Албатта не!	[albatta ne]
D'accord!	Розӣ!	[rozi:]
Ça suffit!	Бас!	[bas]

3. Comment s'adresser à quelqu'un

Excusez-moi!	Мебахшед!	[mebaxʃed]
monsieur	ҷаноб, оқо	[dʒanob], [oqo]
madame	хонум, бону	[xonum], [bonu]
madame (mademoiselle)	ҷавондухтар	[dʒavonduxtar]
jeune homme	ҷавон	[dʒavon]
petit garçon	писарбача	[pisarbatʃa]
petite fille	духтарча, духтарак	[duxtartʃa], [duxtarak]

4. Les nombres cardinaux. Partie 1

zéro	сифр	[sifr]
un	як	[jak]
deux	ду	[du]
trois	се	[se]
quatre	чор, чаҳор	[tʃor], [tʃahor]
cinq	панҷ	[pandʒ]
six	шаш	[ʃaʃ]
sept	ҳафт	[haft]
huit	ҳашт	[haʃt]
neuf	нуҳ	[nuh]
dix	даҳ	[dah]
onze	ёздаҳ	[jozdah]
douze	дувоздаҳ	[duvozdah]
treize	сездаҳ	[sezdah]
quatorze	чордаҳ	[tʃordah]
quinze	понздаҳ	[ponzdah]
seize	шонздаҳ	[ʃonzdah]

dix-sept	ҳафдаҳ	[hafdah]
dix-huit	ҳаждаҳ	[haʒdah]
dix-neuf	нуздаҳ	[nuzdah]
vingt	бист	[bist]
vingt et un	бисту як	[bistu jak]
vingt-deux	бисту ду	[bistu du]
vingt-trois	бисту се	[bistu se]
trente	сӣ	[siː]
trente et un	сию як	[siju jak]
trente-deux	сию ду	[siju du]
trente-trois	сию се	[siju se]
quarante	чил	[ʧil]
quarante et un	чилу як	[ʧilu jak]
quarante-deux	чилу ду	[ʧilu du]
quarante-trois	чилу се	[ʧilu se]
cinquante	панҷоҳ	[panʤoh]
cinquante et un	панҷоҳу як	[panʤohu jak]
cinquante-deux	панҷоҳу ду	[panʤohu du]
cinquante-trois	панҷоҳу се	[panʤohu se]
soixante	шаст	[ʃast]
soixante et un	шасту як	[ʃastu jak]
soixante-deux	шасту ду	[ʃastu du]
soixante-trois	шасту се	[ʃastu se]
soixante-dix	ҳафтод	[haftod]
soixante et onze	ҳафтоду як	[haftodu jak]
soixante-douze	ҳафтоду ду	[haftodu du]
soixante-treize	ҳафтоду се	[haftodu se]
quatre-vingts	ҳаштод	[haʃtod]
quatre-vingt et un	ҳаштоду як	[haʃtodu jak]
quatre-vingt deux	ҳаштоду ду	[haʃtodu du]
quatre-vingt trois	ҳаштоду се	[haʃtodu se]
quatre-vingt-dix	навад	[navad]
quatre-vingt et onze	наваду як	[navadu jak]
quatre-vingt-douze	наваду ду	[navadu du]
quatre-vingt-treize	наваду се	[navadu se]

5. Les nombres cardinaux. Partie 2

cent	сад	[sad]
deux cents	дусад	[dusad]
trois cents	сесад	[sesad]
quatre cents	чорсад, чаҳорсад	[ʧorsad], [ʧahorsad]
cinq cents	панҷсад	[panʤsad]
six cents	шашсад	[ʃaʃsad]
sept cents	ҳафтсад	[haftsad]

| huit cents | ҳаштсад | [haʃtsad] |
| neuf cents | нӯҳсадум | [nœhsadum] |

mille	ҳазор	[hazor]
deux mille	ду ҳазор	[du hazor]
trois mille	се ҳазор	[se hazor]
dix mille	даҳ ҳазор	[dah hazor]
cent mille	сад ҳазор	[sad hazor]

| million (m) | миллион | [million] |
| milliard (m) | миллиард | [milliard] |

6. Les nombres ordinaux

premier (adj)	якум	[jakum]
deuxième (adj)	дуюм	[dujum]
troisième (adj)	сеюm	[sejum]
quatrième (adj)	чорум	[tʃorum]
cinquième (adj)	панчум	[pandʒum]

sixième (adj)	шашум	[ʃaʃum]
septième (adj)	ҳафтум	[haftum]
huitième (adj)	ҳаштум	[haʃtum]
neuvième (adj)	нӯҳум	[nœhum]
dixième (adj)	даҳӯм	[dahœm]

7. Les nombres. Fractions

fraction (f)	каср	[kasr]
un demi	аз ду як ҳисса	[az du jak hissa]
un tiers	аз се як ҳисса	[az se jak hissa]
un quart	аз чор як ҳисса	[az tʃor jak hissa]

un huitième	аз ҳашт як ҳисса	[az haʃt jak hissa]
un dixième	аз даҳ як ҳисса	[az dah jak hissa]
deux tiers	аз се ду ҳисса	[az se du hissa]
trois quarts	аз чор се ҳисса	[az tʃor se hissa]

8. Les nombres. Opérations mathématiques

soustraction (f)	тарҳ	[tarh]
soustraire (vt)	тарҳ кардан	[tarh kardan]
division (f)	тақсим	[taqsim]
diviser (vt)	тақсим кардан	[taqsim kardan]

addition (f)	ҷамъ кардани	[dʒam' kardani]
additionner (vt)	ҷамъ кардан	[dʒam' kardan]
ajouter (vt)	ҷамъ кардан	[dʒam' kardan]
multiplication (f)	зарб, зарбзанӣ	[zarb], [zarbzani:]
multiplier (vt)	зарб задан	[zarb zadan]

9. Les nombres. Divers

chiffre (m)	рақам	[raqam]
nombre (m)	адад	[adad]
adjectif (m) numéral	шумора	[ʃumora]
moins (m)	тарҳ	[tarh]
plus (m)	чамъ	[dʒam']
formule (f)	формула	[formula]
calcul (m)	ҳисоб кардани	[hisob kardani]
compter (vt)	шумурдан	[ʃumurdan]
calculer (vt)	ҳисоб кардан	[hisob kardan]
comparer (vt)	муқоиса кардан	[muqoisa kardan]
Combien? (indénombr.)	Чӣ қадар?	[tʃi: qadar]
Combien? (dénombr.)	Чанд-то?	[tʃand-to]
somme (f)	ҳосили чамъ	[hosili dʒam']
résultat (m)	натича	[natidʒa]
reste (m)	бақия	[baqija]
quelques …	якчанд	[jaktʃand]
peu de …	чанд	[tʃand]
reste (m)	боқимонда	[boqimonda]
un et demi	якуним	[jakunim]
en deux (adv)	ним	[nim]
en parties égales	баробар	[barobar]
moitié (f)	нисф	[nisf]
fois (f)	бор	[bor]

10. Les verbes les plus importants. Partie 1

aider (vt)	кумак кардан	[kumak kardan]
aimer (qn)	дӯст доштан	[dœst doʃtan]
aller (à pied)	рафтан	[raftan]
apercevoir (vt)	дида мондан	[dida mondan]
appartenir à …	таалуқ доштан	[taaluq doʃtan]
appeler (au secours)	чеғ задан	[dʒeʁ zadan]
attendre (vt)	поидан	[poidan]
attraper (vt)	доштан	[doʃtan]
avertir (vt)	танбеҳ додан	[tanbeh dodan]
avoir (vt)	доштан	[doʃtan]
avoir confiance	бовар кардан	[bovar kardan]
avoir faim	хӯрок хостан	[xœrok xostan]
avoir peur	тарсидан	[tarsidan]
avoir soif	об хостан	[ob xostan]
cacher (vt)	пинҳон кардан	[pinhon kardan]
casser (briser)	шикастан	[ʃikastan]
cesser (vt)	бас кардан	[bas kardan]
changer (vt)	иваз кардан	[ivaz kardan]

chasser (animaux)	шикор кардан	[ʃikor kardan]
chercher (vt)	чустан	[dʒustan]
choisir (vt)	интихоб кардан	[intiχob kardan]
commander (~ le menu)	супоридан	[suporidan]
commencer (vt)	сар кардан	[sar kardan]
comparer (vt)	муқоиса кардан	[muqoisa kardan]
comprendre (vt)	фаҳмидан	[fahmidan]
compter (dénombrer)	ҳисоб кардан	[hisob kardan]
compter sur …	умед бастан	[umed bastan]
confondre (vt)	иштибоҳ кардан	[iʃtiboh kardan]
connaître (qn)	донистан	[donistan]
conseiller (vt)	маслиҳат додан	[maslihat dodan]
continuer (vt)	давомат кардан	[davomat kardan]
contrôler (vt)	назорат кардан	[nazorat kardan]
courir (vi)	давидан	[davidan]
coûter (vt)	арзидан	[arzidan]
créer (vt)	офаридан	[ofaridan]
creuser (vt)	кофтан	[koftan]
crier (vi)	дод задан	[dod zadan]

11. Les verbes les plus importants. Partie 2

décorer (~ la maison)	оростан	[orostan]
défendre (vt)	муҳофиза кардан	[muhofiza kardan]
déjeuner (vi)	хӯроки пешин хӯрдан	[χœroki peʃin χœrdan]
demander (~ l'heure)	пурсидан	[pursidan]
demander (de faire qch)	пурсидан	[pursidan]
descendre (vi)	фуромадан	[furomadan]
deviner (vt)	ёфтан	[joftan]
dîner (vi)	хӯроки шом хӯрдан	[χœroki ʃom χœrdan]
dire (vt)	гуфтан	[guftan]
diriger (~ une usine)	сардорӣ кардан	[sardori: kardan]
discuter (vt)	муҳокима кардан	[muhokima kardan]
donner (vt)	додан	[dodan]
donner un indice	луқма додан	[luqma dodan]
douter (vt)	шак доштан	[ʃak doʃtan]
écrire (vt)	навиштан	[naviʃtan]
entendre (bruit, etc.)	шунидан	[ʃunidan]
entrer (vi)	даромадан	[daromadan]
envoyer (vt)	ирсол кардан	[irsol kardan]
espérer (vi)	умед доштан	[umed doʃtan]
essayer (vt)	озмоиш кардан	[ozmoiʃ kardan]
être (vi)	будан	[budan]
être d'accord	розигӣ додан	[rozigi: dodan]
être nécessaire	даркор будан	[darkor budan]
être pressé	шитоб кардан	[ʃitob kardan]
étudier (vt)	омӯхтан	[omœχtan]

excuser (vt)	афв кардан	[afv kardan]
exiger (vt)	талаб кардан	[talab kardan]
exister (vi)	зиндагӣ кардан	[zindagi: kardan]
expliquer (vt)	шарҳ додан	[ʃarh dodan]
faire (vt)	кардан	[kardan]
faire tomber	афтондан	[aftondan]
finir (vt)	тамом кардан	[tamom kardan]
garder (conserver)	нигоҳ доштан	[nigoh doʃtan]
gronder, réprimander (vt)	дашном додан	[daʃnom dodan]
informer (vt)	ахборот додан	[axborot dodan]
insister (vi)	сахт истодан	[saxt istodan]
insulter (vt)	таҳқир кардан	[tahqir kardan]
inviter (vt)	даъват кардан	[da'vat kardan]
jouer (s'amuser)	бозӣ кардан	[bozi: kardan]

12. Les verbes les plus importants. Partie 3

libérer (ville, etc.)	озод кардан	[ozod kardan]
lire (vi, vt)	хондан	[xondan]
louer (prendre en location)	ба иҷора гирифтан	[ba iʤora giriftan]
manquer (l'école)	набудан	[nabudan]
menacer (vt)	дӯғ задан	[dœʁ zadan]
mentionner (vt)	гуфта гузаштан	[gufta guzaʃtan]
montrer (vt)	нишон додан	[niʃon dodan]
nager (vi)	шино кардан	[ʃino kardan]
objecter (vt)	зид баромадан	[zid baromadan]
observer (vt)	назорат кардан	[nazorat kardan]
ordonner (mil.)	фармон додан	[farmon dodan]
oublier (vt)	фаромӯш кардан	[faromœʃ kardan]
ouvrir (vt)	кушодан	[kuʃodan]
pardonner (vt)	бахшидан	[baxʃidan]
parler (vi, vt)	гап задан	[gap zadan]
participer à ...	иштирок кардан	[iʃtirok kardan]
payer (régler)	пул додан	[pul dodan]
penser (vi, vt)	фикр кардан	[fikr kardan]
permettre (vt)	иҷозат додан	[iʤozat dodan]
plaire (être apprécié)	форидан	[foridan]
plaisanter (vi)	шӯхӣ кардан	[ʃœxi: kardan]
planifier (vt)	нақша кашидан	[naqʃa kaʃidan]
pleurer (vi)	гиря кардан	[girja kardan]
posséder (vt)	соҳиб будан	[sohib budan]
pouvoir (v aux)	тавонистан	[tavonistan]
préférer (vt)	беҳтар донистан	[bextar donistan]
prendre (vt)	гирифтан	[giriftan]
prendre en note	навиштан	[naviʃtan]
prendre le petit déjeuner	ношито кардан	[noniʃta kardan]
préparer (le dîner)	пухтан	[puxtan]

prévoir (vt)	пешбинӣ кардан	[peʃbini: kardan]
prier (~ Dieu)	намоз хондан	[namoz χondan]
promettre (vt)	ваъда додан	[va'da dodan]
prononcer (vt)	талаффуз кардан	[talaffuz kardan]
proposer (vt)	таклиф кардан	[taklif kardan]
punir (vt)	ҷазо додан	[dʒazo dodan]

13. Les verbes les plus importants. Partie 4

recommander (vt)	маслиҳат додан	[maslihat dodan]
regretter (vt)	таассуф хӯрдан	[taassuf χœrdan]
répéter (dire encore)	такрор кардан	[takror kardan]
répondre (vi, vt)	ҷавоб додан	[dʒavob dodan]
réserver (une chambre)	нигоҳ доштан	[nigoh doʃtan]
rester silencieux	хомӯш будан	[χomœʃ budan]
réunir (regrouper)	якҷоя кардан	[jakdʒoja kardan]
rire (vi)	хандидан	[χandidan]
s'arrêter (vp)	истодан	[istodan]
s'asseoir (vp)	нишастан	[niʃastan]
sauver (la vie à qn)	наҷот додан	[nadʒot dodan]
savoir (qch)	донистан	[donistan]
se baigner (vp)	оббозӣ кардан	[obbozi: kardan]
se plaindre (vp)	шикоят кардан	[ʃikojat kardan]
se refuser (vp)	рад кардан	[rad kardan]
se tromper (vp)	хато кардан	[χato kardan]
se vanter (vp)	худситой кардан	[χudsitoi: kardan]
s'étonner (vp)	ба ҳайрат афтодан	[ba hajrat aftodan]
s'excuser (vp)	узр пурсидан	[uzr pursidan]
signer (vt)	имзо кардан	[imzo kardan]
signifier (vt)	маъно доштан	[ma'no doʃtan]
s'intéresser (vp)	ҳавас кардан	[havas kardan]
sortir (aller dehors)	баромадан	[baromadan]
sourire (vi)	табассум кардан	[tabassum kardan]
sous-estimer (vt)	хунукназарӣ кардан	[χunuknazari: kardan]
suivre ... (suivez-moi)	рафтан	[raftan]
tirer (vi)	тир задан	[tir zadan]
tomber (vi)	афтодан	[aftodan]
toucher (avec les mains)	даст расондан	[dast rasondan]
tourner (~ à gauche)	гардонидан	[gardonidan]
traduire (vt)	тарҷума кардан	[tardʒuma kardan]
travailler (vi)	кор кардан	[kor kardan]
tromper (vt)	фирефтан	[fireftan]
trouver (vt)	ёфтан	[joftan]
tuer (vt)	куштан	[kuʃtan]
vendre (vt)	фурӯхтан	[furœχtan]
venir (vi)	расидан	[rasidan]
voir (vt)	дидан	[didan]

voler (avion, oiseau)	паридан	[paridan]
voler (qch à qn)	дуздидан	[duzdidan]
vouloir (vt)	хостан	[χostan]

14. Les couleurs

couleur (f)	ранг	[rang]
teinte (f)	тобиш	[tobiʃ]
ton (m)	тобиш, лавн	[tobiʃ], [lavn]
arc-en-ciel (m)	рангинкамон	[ranginkamon]
blanc (adj)	сафед	[safed]
noir (adj)	сиёҳ	[sijɔh]
gris (adj)	адкан	[adkan]
vert (adj)	сабз, кабуд	[sabz], [kabud]
jaune (adj)	зард	[zard]
rouge (adj)	сурх, арғувонӣ	[surχ], [arʁuvoni:]
bleu (adj)	кабуд	[kabud]
bleu clair (adj)	осмонӣ	[osmoni:]
rose (adj)	гулобӣ	[gulobi:]
orange (adj)	норанҷӣ	[norandʒi:]
violet (adj)	бунафш	[bunafʃ]
brun (adj)	қаҳвагӣ	[qahvagi:]
d'or (adj)	тиллоранг	[tillorang]
argenté (adj)	нуқрафом	[nuqrafom]
beige (adj)	каҳваранг	[kahvarang]
crème (adj)	зардтоб	[zardtob]
turquoise (adj)	фирӯзаранг	[firœzarang]
rouge cerise (adj)	олуболугӣ	[olubolugi:]
lilas (adj)	бунафш, нофармон	[bunafʃ], [nofarmon]
framboise (adj)	сурхи сиехтоб	[surχi siehtob]
clair (adj)	кушод	[kuʃod]
foncé (adj)	торик	[torik]
vif (adj)	тоза	[toza]
de couleur (adj)	ранга	[ranga]
en couleurs (adj)	ранга	[ranga]
noir et blanc (adj)	сиёҳу сафед	[sijɔhu safed]
unicolore (adj)	якранга	[jakranga]
multicolore (adj)	рангоранг	[rangorang]

15. Les questions

Qui?	Кӣ?	[ki:]
Quoi?	Чӣ?	[tʃi:]
Où? (~ es-tu?)	Дар кучо?	[dar kudʒo]
Où? (~ vas-tu?)	Кучо?	[kudʒo]

D'où?	Аз кучо?	[az kudʒo]
Quand?	Кай?	[kaj]
Pourquoi? (~ es-tu venu?)	Барои чӣ?	[baroi tʃi:]
Pourquoi? (~ t'es pâle?)	Барои чӣ?	[baroi tʃi:]
À quoi bon?	Барои чӣ?	[baroi tʃi:]
Comment?	Чӣ хел?	[tʃi: χel]
Quel? (à ~ prix?)	Кадом?	[kadom]
Lequel?	Чанд? Чандум?	[tʃand tʃandum]
À qui? (pour qui?)	Ба кӣ?	[ba ki:]
De qui?	Дар бораи кӣ?	[dar borai ki:]
De quoi?	Дар бораи чӣ?	[dar borai tʃi:]
Avec qui?	Бо кӣ?	[bo ki:]
Combien? (dénombr.)	Чанд-то?	[tʃand-to]
Combien? (indénombr.)	Чӣ қадар?	[tʃi: qadar]
À qui?	Аз они кӣ?	[az oni ki:]

16. Les prépositions

avec (~ toi)	бо, ҳамроҳи	[bo], [hamrohi]
sans (~ sucre)	бе	[be]
à (aller ~ ...)	ба	[ba]
de (au sujet de)	дар бораи	[dar borai]
avant (~ midi)	пеш аз	[peʃ az]
devant (~ la maison)	дар пеши	[dar peʃi]
sous (~ la commode)	таги	[tagi]
au-dessus de ...	дар болои	[dar boloi]
sur (dessus)	ба болои	[ba boloi]
de (venir ~ Paris)	аз	[az]
en (en bois, etc.)	аз	[az]
dans (~ deux heures)	баъд аз	[ba'd az]
par dessus	аз болои ...	[az boloi]

17. Les mots-outils. Les adverbes. Partie 1

Où? (~ es-tu?)	Дар кучо?	[dar kudʒo]
ici (c'est ~)	ин чо	[in dʒo]
là-bas (c'est ~)	он чо	[on dʒo]
quelque part (être)	дар кучое	[dar kudʒoe]
nulle part (adv)	дар ҳеч чо	[dar hedʒ dʒo]
près de ...	дар назди ...	[dar nazdi]
près de la fenêtre	дар назди тиреза	[dar nazdi tireza]
Où? (~ vas-tu?)	Кучо?	[kudʒo]
ici (Venez ~)	ин чо	[in tʃo]
là-bas (j'irai ~)	ба он чо	[ba on dʒo]

d'ici (adv)	аз ин чо	[az in dʒo]
de là-bas (adv)	аз он чо	[az on dʒo]
près (pas loin)	наздик	[nazdik]
loin (adv)	дур	[dur]
près de (~ Paris)	дар бари	[dar bari]
tout près (adv)	бисёр наздик	[bisjɔr nazdik]
pas loin (adv)	наздик	[nazdik]
gauche (adj)	чап	[t∫ap]
à gauche (être ~)	аз чап	[az t∫ap]
à gauche (tournez ~)	ба тарафи чап	[ba tarafi t∫ap]
droit (adj)	рост	[rost]
à droite (être ~)	аз рост	[az rost]
à droite (tournez ~)	ба тарафи рост	[ba tarafi rost]
devant (adv)	аз пеш	[az pe∫]
de devant (adj)	пешин	[pe∫in]
en avant (adv)	ба пеш	[ba pe∫]
derrière (adv)	дар қафои	[dar qafoi]
par derrière (adv)	аз қафо	[az qafo]
en arrière (regarder ~)	ақиб	[aqib]
milieu (m)	миёна	[mijɔna]
au milieu (adv)	дар миёна	[dar mijɔna]
de côté (vue ~)	аз пахлу	[az pahlu]
partout (adv)	дар хар чо	[dar har dʒo]
autour (adv)	гирду атроф	[girdu atrof]
de l'intérieur	аз дарун	[az darun]
quelque part (aller)	ба ким-кучо	[ba kim-kudʒo]
tout droit (adv)	миёнбур карда	[mijɔnbur karda]
en arrière (revenir ~)	ба ақиб	[ba aqib]
de quelque part (n'import d'où)	аз ягон чо	[az jagon dʒo]
de quelque part (on ne sait pas d'où)	аз як чо	[az jak dʒo]
premièrement (adv)	аввалан	[avvalan]
deuxièmement (adv)	дуюм	[dujum]
troisièmement (adv)	сеюм	[sejum]
soudain (adv)	ногох, баногох	[nogoh], [banogoh]
au début (adv)	дар аввал	[dar avval]
pour la première fois	якумин	[jakumin]
bien avant ...	хеле пеш	[xele pe∫]
de nouveau (adv)	аз нав	[az nav]
pour toujours (adv)	тамоман	[tamoman]
jamais (adv)	хеч гох	[hedʒ goh]
de nouveau, encore (adv)	боз, аз дигар	[boz], [az digar]

maintenant (adv)	акнун	[aknun]
souvent (adv)	тез-тез	[tez-tez]
alors (adv)	он вақт	[on vaqt]
d'urgence (adv)	зуд, фавран	[zud], [favran]
d'habitude (adv)	одатан	[odatan]
à propos, …	воқеан	[voqean]
c'est possible	шояд	[ʃojad]
probablement (adv)	эҳтимол	[ɛhtimol]
peut-être (adv)	эҳтимол, шояд	[ɛhtimol], [ʃojad]
en plus, …	ғайр аз он	[ʁajr az on]
c'est pourquoi …	бинобар ин	[binobar in]
malgré …	ба ин нигоҳ накарда	[ba in nigoh nakarda]
grâce à …	ба туфайли …	[ba tufajli]
quoi (pron)	чӣ	[tʃiː]
que (conj)	ки	[ki]
quelque chose (Il m'est arrivé ~)	чизе	[tʃize]
quelque chose (peut-on faire ~)	ягон чиз	[jagon tʃiz]
rien (m)	ҳеҷ чиз	[hedʒ tʃiz]
qui (pron)	кӣ	[kiː]
quelqu'un (on ne sait pas qui)	ким-кӣ	[kim-kiː]
quelqu'un (n'importe qui)	касе	[kase]
personne (pron)	ҳеҷ кас	[hedʒ kas]
nulle part (aller ~)	ба ҳеҷ куҷо	[ba hedʒ kudʒo]
de personne	бесоҳиб	[besohib]
de n'importe qui	аз они касе	[az oni kase]
comme ça (adv)	чунон	[tʃunon]
également (adv)	ҳам	[ham]
aussi (adv)	низ, ҳам	[niz], [ham]

18. Les mots-outils. Les adverbes. Partie 2

Pourquoi?	Барои чӣ?	[baroi tʃiː]
pour une certaine raison	бо ким-кадом сабаб	[bo kim-kadom sabab]
parce que …	зеро ки	[zero ki]
pour une raison quelconque	барои чизе	[baroi tʃize]
et (conj)	ва, … у, … ю	[va], [u], [ju]
ou (conj)	ё	[jɔ]
mais (conj)	аммо, лекин	[ammo], [lekin]
pour … (prep)	барои	[baroi]
trop (adv)	аз меъёр зиёд	[az me'jɔr zijɔd]
seulement (adv)	фақат	[faqat]
précisément (adv)	айнан	[ajnan]
près de … (prep)	тақрибан	[taqriban]
approximativement	тақрибан	[taqriban]
approximatif (adj)	тақрибӣ	[taqribiː]

presque (adv)	қариб	[qarib]
reste (m)	боқимонда	[boqimonda]
l'autre (adj)	дигар	[digar]
autre (adj)	дигар	[digar]
chaque (adj)	ҳар	[har]
n'importe quel (adj)	ҳар	[har]
beaucoup (adv)	бисёр, хеле	[bisjɔr], [χele]
plusieurs (pron)	бисёриҳо	[bisjɔriho]
tous	ҳама	[hama]
en échange de ...	ба ивази	[ba ivazi]
en échange (adv)	баивазаш	[ba ivazaʃ]
à la main (adv)	дастӣ	[dasti:]
peu probable (adj)	ба гумон	[ba gumon]
probablement (adv)	эҳтимол, шояд	[ɛhtimol], [ʃojad]
exprès (adv)	барқасд	[barqasd]
par accident (adv)	тасодуфан	[tasodufan]
très (adv)	хеле	[χele]
par exemple (adv)	масалан, чунончи	[masalan], [ʧunonʧi]
entre (prep)	дар байни	[dar bajni]
parmi (prep)	дар байни ...	[dar bajni]
autant (adv)	ин қадар	[in qadar]
surtout (adv)	хусусан	[χususan]

Concepts de base. Partie 2

19. Les jours de la semaine

lundi (m)	душанбе	[duʃanbe]
mardi (m)	сешанбе	[seʃanbe]
mercredi (m)	чоршанбе	[tʃorʃanbe]
jeudi (m)	панчшанбе	[pandʒʃanbe]
vendredi (m)	чумъа	[dʒum'a]
samedi (m)	шанбе	[ʃanbe]
dimanche (m)	якшанбе	[jakʃanbe]
aujourd'hui (adv)	имрӯз	[imrœz]
demain (adv)	пагох, фардо	[pagoh], [fardo]
après-demain (adv)	пасфардо	[pasfardo]
hier (adv)	дирӯз, дина	[dirœz], [dina]
avant-hier (adv)	парирӯз	[parirœz]
jour (m)	рӯз	[rœz]
jour (m) ouvrable	рӯзи кор	[rœzi kor]
jour (m) férié	рӯзи ид	[rœzi id]
jour (m) de repos	рӯзи истирохат	[rœzi istirohat]
week-end (m)	рӯзхои истирохат	[rœzhoi istirohat]
toute la journée	тамоми рӯз	[tamomi rœz]
le lendemain	рӯзи дигар	[rœzi digar]
il y a 2 jours	ду рӯз пеш	[du rœz peʃ]
la veille	як рӯз пеш	[jak rœz peʃ]
quotidien (adj)	харрӯза	[harrœza]
tous les jours	хар рӯз	[har rœz]
semaine (f)	хафта	[hafta]
la semaine dernière	хафтаи гузашта	[haftai guzaʃta]
la semaine prochaine	хафтаи оянда	[haftai ojanda]
hebdomadaire (adj)	хафтаина	[haftaina]
chaque semaine	хар хафта	[har hafta]
2 fois par semaine	хафтае ду маротиба	[haftae du marotiba]
tous les mardis	хар сешанбе	[har seʃanbe]

20. Les heures. Le jour et la nuit

matin (m)	пагохи	[pagohi:]
le matin	пагохирӯзи	[pagohirœzi:]
midi (m)	нисфи рӯз	[nisfi rœz]
dans l'après-midi	баъди пешин	[ba'di peʃin]
soir (m)	бегох, бегохируз	[begoh], [begohirœz]
le soir	бегохи, бегохирӯзи	[begohi:], [begohirœzi:]

nuit (f)	шаб	[ʃab]
la nuit	шабона	[ʃabona]
minuit (f)	нисфи шаб	[nisfi ʃab]
seconde (f)	сония	[sonija]
minute (f)	дақиқа	[daqiqa]
heure (f)	соат	[soat]
demi-heure (f)	нимсоат	[nimsoat]
un quart d'heure	чоряки соат	[tʃorjaki soat]
quinze minutes	понздаҳ дақиқа	[ponzdah daqiqa]
vingt-quatre heures	шабонарӯз	[ʃabonarœz]
lever (m) du soleil	тулӯъ	[tulœ']
aube (f)	субҳидам	[subhidam]
point (m) du jour	субҳи барвақт	[subhi barvaqt]
coucher (m) du soleil	ғуруби офтоб	[ʁurubi oftob]
tôt le matin	субҳи барвақт	[subhi barvaqt]
ce matin	имрӯз пагоҳӣ	[imrœz pagohi:]
demain matin	пагоҳ саҳарӣ	[pagoh sahari:]
cet après-midi	имрӯз	[imrœz]
dans l'après-midi	баъди пешин	[ba'di peʃin]
demain après-midi	пагоҳ баъди пешин	[pagoh ba'di peʃin]
ce soir	ҳамин бегоҳ	[hamin begoh]
demain soir	фардо бегоҳӣ	[fardo begohi:]
à 3 heures précises	расо соати се	[raso soati se]
autour de 4 heures	наздикии соати чор	[nazdiki:i soati tʃor]
vers midi	соатҳои дувоздаҳ	[soathoi duvozdah]
dans 20 minutes	баъд аз бист дақиқа	[ba'd az bist daqiqa]
dans une heure	баъд аз як соат	[ba'd az jak soat]
à temps	дар вақташ	[dar vaqtaʃ]
… moins le quart	понздаҳто кам	[ponzdahto kam]
en une heure	дар давоми як соат	[dar davomi jak soat]
tous les quarts d'heure	ҳар понздаҳ дақиқа	[har ponzdah daqiqa]
24 heures sur 24	шабу рӯз	[ʃabu rœz]

21. Les mois. Les saisons

janvier (m)	январ	[janvar]
février (m)	феврал	[fevral]
mars (m)	март	[mart]
avril (m)	апрел	[aprel]
mai (m)	май	[maj]
juin (m)	июн	[ijun]
juillet (m)	июл	[ijul]
août (m)	август	[avgust]
septembre (m)	сентябр	[sentjabr]
octobre (m)	октябр	[oktjabr]

| novembre (m) | ноябр | [nojabr] |
| décembre (m) | декабр | [dekabr] |

printemps (m)	баҳор, баҳорон	[bahor], [bahoron]
au printemps	дар фасли баҳор	[dar fasli bahor]
de printemps (adj)	баҳорӣ	[bahori:]

été (m)	тобистон	[tobiston]
en été	дар тобистон	[dar tobiston]
d'été (adj)	тобистона	[tobistona]

automne (m)	тирамоҳ	[tiramoh]
en automne	дар тирамоҳ	[dar tiramoh]
d'automne (adj)	... и тирамоҳ	[i tiramoh]

hiver (m)	зимистон	[zimiston]
en hiver	дар зимистон	[dar zimiston]
d'hiver (adj)	зимистонӣ, ... и зимистон	[zimistoni:], [i zimiston]

mois (m)	моҳ	[moh]
ce mois	ҳамин моҳ	[hamin moh]
le mois prochain	дар моҳи оянда	[dar mohi ojanda]
le mois dernier	дар моҳи гузашта	[dar mohi guzaʃta]

il y a un mois	як моҳ пеш	[jak moh peʃ]
dans un mois	баъд аз як моҳ	[ba'd az jak moh]
dans 2 mois	баъд аз ду моҳ	[ba'd az du moh]
tout le mois	тамоми моҳ	[tamomi moh]
tout un mois	тамоми моҳ	[tamomi moh]

mensuel (adj)	ҳармоҳа	[harmoha]
mensuellement	ҳар моҳ	[har moh]
chaque mois	ҳар моҳ	[har moh]
2 fois par mois	ду маротиба дар як моҳ	[du marotiba dar jak moh]

année (f)	сол	[sʊl]
cette année	ҳамин сол	[hamin sol]
l'année prochaine	соли оянда	[soli ojanda]
l'année dernière	соли гузашта	[soli guzaʃta]

il y a un an	як сол пеш	[jak sol peʃ]
dans un an	баъд аз як сол	[ba'd az jak sol]
dans 2 ans	баъд аз ду сол	[ba'd az du sol]
toute l'année	тамоми сол	[tamomi sol]
toute une année	як соли пурра	[jak soli purra]

chaque année	ҳар сол	[har sol]
annuel (adj)	ҳарсола	[harsola]
annuellement	ҳар сол	[har sol]
4 fois par an	чор маротиба дар як сол	[tʃor marotiba dar jak sol]

date (f) (jour du mois)	таърих, рӯз	[ta'rix], [rœz]
date (f) (~ mémorable)	сана	[sana]
calendrier (m)	тақвим, солнома	[taqvim], [solnoma]
six mois	ним сол	[nim sol]
semestre (m)	нимсола	[nimsola]

saison (f)	фасл	[fasl]
siècle (m)	аср	[asr]

22. Les unités de mesure

poids (m)	вазн	[vazn]
longueur (f)	дарозӣ	[darozi:]
largeur (f)	арз	[arz]
hauteur (f)	баландӣ	[balandi:]
profondeur (f)	чуқурӣ	[ʧuquri:]
volume (m)	ҳаҷм	[haʤm]
aire (f)	масоҳат	[masohat]

gramme (m)	грам	[gram]
milligramme (m)	миллиграмм	[milligramm]
kilogramme (m)	килограмм	[kilogramm]
tonne (f)	тонна	[tonna]
livre (f)	қадоқ	[qadoq]
once (f)	вақия	[vaqija]

mètre (m)	метр	[metr]
millimètre (m)	миллиметр	[millimetr]
centimètre (m)	сантиметр	[santimetr]

kilomètre (m)	километр	[kilometr]
mille (m)	мил	[mil]

pied (m)	фут	[fut]
yard (m)	ярд	[jard]

mètre (m) carré	метри квадратӣ	[metri kvadrati:]
hectare (m)	гектар	[gektar]

litre (m)	литр	[litr]
degré (m)	дараҷа	[daraʤa]
volt (m)	волт	[volt]

ampère (m)	ампер	[amper]
cheval-vapeur (m)	қувваи асп	[quvvai asp]

quantité (f)	миқдор	[miqdor]
un peu de ...	камтар	[kamtar]

moitié (f)	нисф	[nisf]
pièce (f)	дона	[dona]

dimension (f)	ҳаҷм	[haʤm]
échelle (f) (de la carte)	масштаб	[masʃtab]

minimal (adj)	камтарин	[kamtarin]
le plus petit (adj)	хурдтарин	[xurdtarin]
moyen (adj)	миёна	[mijɔna]
maximal (adj)	ниҳоят калон	[nihojat kalon]
le plus grand (adj)	калонтарин	[kalontarin]

23. Les récipients

bocal (m) en verre	банкаи шишагӣ	[bankai ʃiʃagi:]
boîte, canette (f)	банкаи тунукагӣ	[bankai tunukagi:]
seau (m)	сатил	[satil]
tonneau (m)	бочка, чалак	[botʃka], [tʃalak]
bassine, cuvette (f)	тағора	[taʁora]
cuve (f)	бак, чалак	[bak], [tʃalak]
flasque (f)	обдон	[obdon]
jerrican (m)	канистра	[kanistra]
citerne (f)	систерна	[sisterna]
tasse (f), mug (m)	кружка, дӯлча	[kruʒka], [dœltʃa]
tasse (f)	косача	[kosatʃa]
soucoupe (f)	тақсимӣ, тақсимича	[taqsimi:], [taqsimitʃa]
verre (m) (~ d'eau)	стакан	[stakan]
verre (m) à vin	бокал	[bokal]
faitout (m)	дегча	[degtʃa]
bouteille (f)	шиша, сурохӣ	[ʃiʃa], [surohi:]
goulot (m)	даҳани шиша	[dahani ʃiʃa]
carafe (f)	сурохӣ	[surohi:]
pichet (m)	кӯза	[kœza]
récipient (m)	зарф	[zarf]
pot (m)	хурмача	[xurmatʃa]
vase (m)	гулдон	[guldon]
flacon (m)	шиша	[ʃiʃa]
fiole (f)	хубобча	[hubobtʃa]
tube (m)	лӯлача	[lœlatʃa]
sac (m) (grand ~)	халта	[xalta]
sac (m) (~ en plastique)	халта	[xalta]
paquet (m) (~ de cigarettes)	қуттӣ	[qutti:]
boîte (f)	қуттӣ	[qutti:]
caisse (f)	қуттӣ	[qutti:]
panier (m)	сабад	[sabad]

L'HOMME

L'homme. Le corps humain

24. La tête

tête (f)	сар	[sar]
visage (m)	рӯй	[rœj]
nez (m)	бинӣ	[biniː]
bouche (f)	даҳон	[dahon]
œil (m)	чашм, дида	[ʧaʃm], [dida]
les yeux	чашмон	[ʧaʃmon]
pupille (f)	гавҳараки чашм	[gavharaki ʧaʃm]
sourcil (m)	абрӯ, қош	[abrœ], [qoʃ]
cil (m)	мижа	[miʒa]
paupière (f)	пилкҳои чашм	[pilkhoi ʧaʃm]
langue (f)	забон	[zabon]
dent (f)	дандон	[dandon]
lèvres (f pl)	лабҳо	[labho]
pommettes (f pl)	устухони рухсора	[ustuχoni ruχsora]
gencive (f)	зираи дандон	[zirai dandon]
palais (m)	ком	[kom]
narines (f pl)	сурохии бинӣ	[suroχiːi biniː]
menton (m)	манаҳ	[manah]
mâchoire (f)	ҷоғ	[ʤoʁ]
joue (f)	рухсор	[ruχsor]
front (m)	пешона	[peʃona]
tempe (f)	чакка	[ʧakka]
oreille (f)	гӯш	[gœʃ]
nuque (f)	пушти сар	[puʃti sar]
cou (m)	гардан	[gardan]
gorge (f)	гулӯ	[gulœ]
cheveux (m pl)	мӯйи сар	[mœji sar]
coiffure (f)	ороиши мӯйсар	[oroiʃi mœjsar]
coupe (f)	ороиши мӯйсар	[oroiʃi mœjsar]
perruque (f)	мӯи ориятӣ	[mœi orijatiː]
moustache (f)	муйлаб, бурут	[mujlab], [burut]
barbe (f)	риш	[riʃ]
porter (~ la barbe)	мондан, доштан	[mondan], [doʃtan]
tresse (f)	кокул	[kokul]
favoris (m pl)	риши бари рӯй	[riʃi bari rœj]
roux (adj)	сурхмуй	[surχmuj]
gris, grisonnant (adj)	сафед	[safed]

chauve (adj)	одамсар	[odamsar]
calvitie (f)	тосии сар	[tosi:i sar]
queue (f) de cheval	думча	[dumtʃa]
frange (f)	пича	[pitʃa]

25. Le corps humain

main (f)	панчаи даст	[pandʒai dast]
bras (m)	даст	[dast]
doigt (m)	ангушт	[anguʃt]
orteil (m)	чилик, ангушт	[tʃilik], [anguʃt]
pouce (m)	нарангушт	[naranguʃt]
petit doigt (m)	ангушти хурд	[anguʃti χurd]
ongle (m)	нохун	[noχun]
poing (m)	кулак, мушт	[kulak], [muʃt]
paume (f)	каф	[kaf]
poignet (m)	банди даст	[bandi dast]
avant-bras (m)	бозу	[bozu]
coude (m)	оринч	[orindʒ]
épaule (f)	китф	[kitf]
jambe (f)	по	[po]
pied (m)	панчаи пой	[pandʒai poj]
genou (m)	зону	[zonu]
mollet (m)	соқи по	[soqi po]
hanche (f)	миён	[mijɔn]
talon (m)	пошна	[poʃna]
corps (m)	бадан	[badan]
ventre (m)	шикам	[ʃikam]
poitrine (f)	сина	[sina]
sein (m)	сина, пистон	[sina], [pistɔn]
côté (m)	паҳлу	[pahlu]
dos (m)	пушт	[puʃt]
reins (région lombaire)	камаргоҳ	[kamargoh]
taille (f) (~ de guêpe)	миён	[mijɔn]
nombril (m)	ноф	[nof]
fesses (f pl)	сурин	[surin]
derrière (m)	сурин	[surin]
grain (m) de beauté	хол	[χol]
tache (f) de vin	хол	[χol]
tatouage (m)	вашм	[vaʃm]
cicatrice (f)	доғи захм	[doʁi zaχm]

Les vêtements & les accessoires

26. Les vêtements d'extérieur

vêtement (m)	либос	[libos]
survêtement (m)	либоси боло	[libosi bolo]
vêtement (m) d'hiver	либоси зимистонӣ	[libosi zimistoni:]
manteau (m)	палто	[palto]
manteau (m) de fourrure	пӯстин	[pœstin]
veste (f) de fourrure	нимпӯстин	[nimpœstin]
manteau (m) de duvet	пуховик	[puχovik]
veste (f) (~ en cuir)	куртка	[kurtka]
imperméable (m)	боронӣ	[boroni:]
imperméable (adj)	обногузар	[obnoguzar]

27. Men's & women's clothing

chemise (f)	курта	[kurta]
pantalon (m)	шим, шалвор	[ʃim], [ʃalvor]
jean (m)	шими ҷинс	[ʃimi dʒins]
veston (m)	пиҷак	[pidʒak]
complet (m)	костюм	[kostjum]
robe (f)	куртаи заннона	[kurtai zannona]
jupe (f)	юбка	[jubka]
chemisette (f)	блузка	[bluzka]
veste (f) en laine	кофтаи бофта	[koftai bofta]
jaquette (f), blazer (m)	жакет	[ʒaket]
tee-shirt (m)	футболка	[futbolka]
short (m)	шортик	[ʃortik]
costume (m) de sport	либоси варзишӣ	[libosi varziʃi:]
peignoir (m) de bain	халат	[χalat]
pyjama (m)	пижама	[piʒama]
chandail (m)	свитер	[sviter]
pull-over (m)	пуловер	[pulover]
gilet (m)	камзӯл	[kamzœl]
queue-de-pie (f)	фрак	[frak]
smoking (m)	смокинг	[smoking]
uniforme (m)	либоси расмӣ	[libosi rasmi:]
tenue (f) de travail	либоси корӣ	[libosi kori:]
salopette (f)	комбинезон	[kombinezon]
blouse (f) (d'un médecin)	халат	[χalat]

28. Les sous-vêtements

sous-vêtements (m pl)	либоси таг	[libosi tag]
boxer (m)	турсуки мардона	[tursuki mardona]
slip (m) de femme	турсуки занона	[tursuki zanona]
maillot (m) de corps	майка	[majka]
chaussettes (f pl)	пайпоқ	[pajpoq]
chemise (f) de nuit	куртаи хоб	[kurtai χob]
soutien-gorge (m)	синабанд	[sinaband]
chaussettes (f pl) hautes	чуроби кутоҳ	[ʤurobi kutoh]
collants (m pl)	колготка	[kolgotka]
bas (m pl)	чуроби дароз	[ʧurobi daroz]
maillot (m) de bain	либоси оббозӣ	[libosi obbozi:]

29. Les chapeaux

chapeau (m)	кулоҳ, телпак	[kuloh], [telpak]
chapeau (m) feutre	шляпаи моҳутӣ	[ʃljapai mohuti:]
casquette (f) de base-ball	бейсболка	[bejsbolka]
casquette (f)	кепка	[kepka]
béret (m)	берет	[beret]
capuche (f)	либоси кулоҳдор	[libosi kulohdor]
panama (m)	панамка	[panamka]
bonnet (m) de laine	шапкаи бофтагӣ	[ʃapkai boftagi:]
foulard (m)	рӯймол	[rœjmol]
chapeau (m) de femme	кулоҳча	[kulohʧa]
casque (m) (d'ouvriers)	тоскулоҳ	[toskuloh]
calot (m)	пилотка	[pilotka]
casque (m) (~ de moto)	хӯд	[χœd]
melon (m)	дегчакулох	[degʧakuloχ]
haut-de-forme (m)	силиндр	[silindr]

30. Les chaussures

chaussures (f pl)	пойафзол	[pojafzol]
bottines (f pl)	патинка	[patinka]
souliers (m pl) (~ plats)	кафш, туфли	[kafʃ], [tufli]
bottes (f pl)	мӯза	[mœza]
chaussons (m pl)	шиппак	[ʃippak]
tennis (m pl)	крассовка	[krassovka]
baskets (f pl)	кетӣ	[keti:]
sandales (f pl)	сандал	[sandal]
cordonnier (m)	мӯзадӯз	[mœzadœz]
talon (m)	пошна	[poʃna]

paire (f)	чуфт	[dʒuft]
lacet (m)	бандак	[bandak]
lacer (vt)	бандак гузарондан	[bandak guzarondan]
chausse-pied (m)	кафчаи кафшпӯшӣ	[kaftʃai kafʃpœʃi:]
cirage (m)	креми пойафзол	[kremi pojafzol]

31. Les accessoires personnels

gants (m pl)	дастпӯшак	[dastpœʃak]
moufles (f pl)	дастпӯшаки бепанҷа	[dastpœʃaki bepandʒa]
écharpe (f)	гарданпеч	[gardanpetʃ]
lunettes (f pl)	айнак	[ajnak]
monture (f)	чанбарак	[tʃanbarak]
parapluie (m)	соябон, чатр	[sojabon], [tʃatr]
canne (f)	чӯб	[tʃœb]
brosse (f) à cheveux	чӯткаи мӯйсар	[tʃœtkai mœjsar]
éventail (m)	бодбезак	[bodbezak]
cravate (f)	галстук	[galstuk]
nœud papillon (m)	галстук-шапарак	[galstuk-ʃaparak]
bretelles (f pl)	шалворбанди китфӣ	[ʃalvorbandi kitfi:]
mouchoir (m)	даструймол	[dastrœjmol]
peigne (m)	шона	[ʃona]
barrette (f)	сарсӯзан, бандак	[sarsœzan], [bandak]
épingle (f) à cheveux	санчак	[sandʒak]
boucle (f)	сагаки тасма	[sagaki tasma]
ceinture (f)	тасма	[tasma]
bandoulière (f)	тасма	[tasma]
sac (m)	сумка	[sumka]
sac (m) à main	сумка	[sumka]
sac (m) à dos	борхалта	[borχalta]

32. Les vêtements. Divers

mode (f)	мод	[mod]
à la mode (adj)	модшуда	[modʃuda]
couturier, créateur de mode	тархсоз	[tarhsoz]
col (m)	гиребон, ёқа	[girebon], [jɔqa]
poche (f)	киса	[kisa]
de poche (adj)	… и киса	[i kisa]
manche (f)	остин	[ostin]
bride (f)	банди либос	[bandi libos]
braguette (f)	чоки пеши шим	[tʃoki peʃi ʃim]
fermeture (f) à glissière	занчирак	[zandʒirak]
agrafe (f)	гиреҳбанд	[girehband]
bouton (m)	тугма	[tugma]

| boutonnière (f) | банди тугма | [bandi tugma] |
| s'arracher (bouton) | канда шудан | [kanda ʃudan] |

coudre (vi, vt)	дӯхтан	[dœxtan]
broder (vt)	гулдӯзӣ кардан	[guldœzi: kardan]
broderie (f)	гулдӯзӣ	[guldœzi:]
aiguille (f)	сӯзани чокдӯзи	[sœzani ʧokdœzi]
fil (m)	ресмон	[resmon]
couture (f)	чок	[ʧok]

se salir (vp)	олуда шудан	[oluda ʃudan]
tache (f)	доғ, лакка	[doʁ], [lakka]
se froisser (vp)	ғичим шудан	[ʁidʒim ʃudan]
déchirer (vt)	дарронидан	[darrondan]
mite (f)	куя	[kuja]

33. L'hygiène corporelle. Les cosmétiques

dentifrice (m)	хамираи дандон	[xamirai dandon]
brosse (f) à dents	чӯткаи дандоншӯӣ	[ʧœtkai dandonʃœi:]
se brosser les dents	дандон шустан	[dandon ʃustan]

rasoir (m)	ришгирак	[riʃgirak]
crème (f) à raser	креми ришгирӣ	[kremi riʃgiri:]
se raser (vp)	риш гирифтан	[riʃ giriftan]

| savon (m) | собун | [sobun] |
| shampooing (m) | шампун | [ʃampun] |

ciseaux (m pl)	кайчӣ	[kajʧi:]
lime (f) à ongles	тарошаи нохунхо	[taroʃai noxunho]
pinces (f pl) à ongles	анбӯрча барои нохунхо	[anbœrʧa baroi noxunho]
pince (f) à épiler	мӯйчинак	[mœjʧinak]

produits (m pl) de beauté	косметика	[kosmetika]
masque (m) de beauté	никоби косметикӣ	[niqobi kosmetiki:]
manucure (f)	нохунорой	[noxunoroi:]
se faire les ongles	нохун оростан	[noxun orostan]
pédicurie (f)	ороиши нохунхои пой	[oroiʃi noxunhoi poj]

trousse (f) de toilette	косметичка	[kosmetitʧka]
poudre (f)	сафеда	[safeda]
poudrier (m)	куттии упо	[qutti:i upo]
fard (m) à joues	сурхӣ	[surxi:]

eau (f) de toilette	атр	[atr]
lotion (f)	оби мушкин	[obi muʃkin]
eau de Cologne (f)	атр	[atr]

fard (m) à paupières	тен барои пилкхои чашм	[ten baroi pilkhoi ʧaʃm]
crayon (m) à paupières	қалами чашм	[qalami ʧaʃm]
mascara (m)	туш барои мижахо	[tuʃ baroi miʒaho]
rouge (m) à lèvres	лабсурхкунак	[labsurxkunak]
vernis (m) à ongles	лаки нохун	[laki noxun]

laque (f) pour les cheveux	лаки мӯйсар	[laki mœjsar]
déodorant (m)	дезодорант	[dezodorant]
crème (f)	крем, равғани рӯй	[krem], [ravʁani rœj]
crème (f) pour le visage	креми рӯй	[kremi rœj]
crème (f) pour les mains	креми даст	[kremi dast]
crème (f) anti-rides	креми зиддиожанг	[kremi ziddioʒang]
crème (f) de jour	креми рӯзона	[kremi rœzona]
crème (f) de nuit	креми шабона	[kremi ʃabona]
de jour (adj)	рӯзона, ~и рӯз	[rœzona], [~i rœz]
de nuit (adj)	шабона, … и шаб	[ʃabona], [i ʃab]
tampon (m)	тампон	[tampon]
papier (m) de toilette	коғази хоҷатхона	[koʁazi xodʒatxona]
sèche-cheveux (m)	мӯхушккунак	[mœxuʃkkunak]

34. Les montres. Les horloges

montre (f)	соати дастӣ	[soati dasti:]
cadran (m)	лавҳаи соат	[lavhai soat]
aiguille (f)	ақрабак	[akrabak]
bracelet (m)	дастпона	[dastpona]
bracelet (m) (en cuir)	банди соат	[bandi soat]
pile (f)	батареяча, батарейка	[batarejatʃa], [batarejka]
être déchargé	холӣ шудааст	[xoli: ʃudaast]
changer de pile	иваз кардани батаре	[ivaz kardani batare]
avancer (vi)	пеш меравад	[peʃ meravad]
retarder (vi)	ақиб мондан	[aqib mondan]
pendule (f)	соати деворӣ	[soati devori:]
sablier (m)	соати регӣ	[soati regi:]
cadran (m) solaire	соати офтобӣ	[soati oftobi:]
réveil (m)	соати рӯимизии зангдор	[soati rœimizi:i zangdor]
horloger (m)	соатсоз	[soatsoz]
réparer (vt)	таъмир кардан	[ta'mir kardan]

Les aliments. L'alimentation

35. Les aliments

viande (f)	гӯшт	[gœʃt]
poulet (m)	мурғ	[murʁ]
poulet (m) (poussin)	чӯҷа	[tʃœdʒa]
canard (m)	мурғобӣ	[murʁobi:]
oie (f)	қоз, ғоз	[qoz], [ʁoz]
gibier (m)	сайди шикор	[sajdi ʃikor]
dinde (f)	мурғи марчон	[murʁi mardʒon]
du porc	гӯшти хук	[gœʃti χuk]
du veau	гӯшти гӯсола	[gœʃti gœsola]
du mouton	гӯшти гӯсфанд	[gœʃti gœsfand]
du bœuf	гӯшти гов	[gœʃti gov]
lapin (m)	харгӯш	[χargœʃ]
saucisson (m)	ҳасиб	[hasib]
saucisse (f)	ҳасибча	[hasibtʃa]
bacon (m)	бекон	[bekon]
jambon (m)	ветчина	[vettʃina]
cuisse (f)	рон	[ron]
pâté (m)	паштет	[paʃtet]
foie (m)	чигар	[dʒigar]
farce (f)	гӯшти кӯфта	[gœʃti kœfta]
langue (f)	забон	[zabon]
œuf (m)	тухм	[tuχm]
les œufs	тухм	[tuχm]
blanc (m) d'œuf	сафедии тухм	[safedi:i tuχm]
jaune (m) d'œuf	зардии тухм	[zardi:i tuχm]
poisson (m)	моҳӣ	[mohi:]
fruits (m pl) de mer	маҳсулоти баҳрӣ	[mahsuloti bahri:]
crustacés (m pl)	буғумпойҳо	[buʁumpojho]
caviar (m)	тухми моҳӣ	[tuχmi mohi:]
crabe (m)	харчанг	[χartʃang]
crevette (f)	креветка	[krevetka]
huître (f)	садафак	[sadafak]
langoustine (f)	лангуст	[langust]
poulpe (m)	ҳаштпо	[haʃtpo]
calamar (m)	калмар	[kalmar]
esturgeon (m)	гӯшти тосмоҳӣ	[gœʃti tosmohi:]
saumon (m)	озодмоҳӣ	[ozodmohi:]
flétan (m)	палтус	[paltus]
morue (f)	равғанмоҳӣ	[ravʁanmohi:]

maquereau (m)	зағӯтамоҳӣ	[zaʁœtamohi:]
thon (m)	самак	[samak]
anguille (f)	мормоҳӣ	[mormohi:]
truite (f)	гулмоҳӣ	[gulmohi:]
sardine (f)	саморис	[samoris]
brochet (m)	шӯртан	[ʃœrtan]
hareng (m)	шӯрмоҳӣ	[ʃœrmohi:]
pain (m)	нон	[non]
fromage (m)	панир	[panir]
sucre (m)	шакар	[ʃakar]
sel (m)	намак	[namak]
riz (m)	биринҷ	[birindʒ]
pâtes (m pl)	макарон	[makaron]
nouilles (f pl)	угро	[ugro]
beurre (m)	равғани маска	[ravʁani maska]
huile (f) végétale	равғани пок	[ravʁani pok]
huile (f) de tournesol	равғани офтобпараст	[ravʁani oftobparast]
margarine (f)	маргарин	[margarin]
olives (f pl)	зайтун	[zajtun]
huile (f) d'olive	равғани зайтун	[ravʁani zajtun]
lait (m)	шир	[ʃir]
lait (m) condensé	ширқиём	[ʃirqijɔm]
yogourt (m)	йогурт	[jɔgurt]
crème (f) aigre	қаймок	[qajmok]
crème (f) (de lait)	қаймоқ	[qajmoq]
sauce (f) mayonnaise	майонез	[majɔnez]
crème (f) au beurre	крем	[krem]
gruau (m)	ярма	[jarma]
farine (f)	орд	[ord]
conserves (f pl)	консерв	[konserv]
pétales (m pl) de maïs	бадроқи чуворимакка	[badroqi dʒuvorimakka]
miel (m)	асал	[asal]
confiture (f)	чем	[dʒem]
gomme (f) à mâcher	сақич, илқ	[saqitʃ], [ilq]

36. Les boissons

eau (f)	об	[ob]
eau (f) potable	оби нӯшиданӣ	[obi nœʃidani:]
eau (f) minérale	оби миналӣ	[obi minerali:]
plate (adj)	бе газ	[be gaz]
gazeuse (l'eau ~)	газнок	[gaznok]
pétillante (adj)	газдор	[gazdor]
glace (f)	ях	[jaχ]

avec de la glace	бо ях, яхдор	[bo jaχ], [jaχdor]
sans alcool	беалкогол	[bealkogol]
boisson (f) non alcoolisée	нӯшокии беалкогол	[nœʃokiːi bealkogol]
rafraîchissement (m)	нӯшокии хунук	[nœʃokiːi χunuk]
limonade (f)	лимонад	[limonad]

boissons (f pl) alcoolisées	нӯшокиҳои спиртӣ	[nœʃokihoi spirtiː]
vin (m)	шароб, май	[ʃarob], [maj]
vin (m) blanc	маи ангури сафед	[mai anguri safed]
vin (m) rouge	маи арғувонӣ	[mai arʁuvoniː]

liqueur (f)	ликёр	[likjor]
champagne (m)	шампан	[ʃampan]
vermouth (m)	вермут	[vermut]

whisky (m)	виски	[viski]
vodka (f)	арақ, водка	[araq], [vodka]
gin (m)	ҷин	[dʒin]
cognac (m)	коняк	[konjak]
rhum (m)	ром	[rom]

café (m)	қаҳва	[qahva]
café (m) noir	қаҳваи сиёҳ	[qahvai sijoh]
café (m) au lait	ширқаҳва	[ʃirqahva]
cappuccino (m)	капучино	[kaputʃino]
café (m) soluble	қаҳваи кӯфта	[qahvai kœfta]

lait (m)	шир	[ʃir]
cocktail (m)	коктейл	[koktejl]
cocktail (m) au lait	коктейли ширӣ	[koktejli ʃiriː]

jus (m)	шарбат	[ʃarbat]
jus (m) de tomate	шираи помидор	[ʃirai pomidor]
jus (m) d'orange	афшураи афлесун	[afʃurai aflesun]
jus (m) pressé	афшураи тоза тайёршуда	[afʃurai toza tajjorʃuda]

bière (f)	пиво	[pivo]
bière (f) blonde	оби ҷави шафоф	[obi dʒavi ʃafof]
bière (f) brune	оби ҷави торик	[obi dʒavi torik]

thé (m)	чой	[tʃoj]
thé (m) noir	чойи сиёҳ	[tʃoji sijoh]
thé (m) vert	чои кабуд	[tʃoi kabud]

37. Les légumes

| légumes (m pl) | сабзавот | [sabzavot] |
| verdure (f) | сабзавот | [sabzavot] |

tomate (f)	помидор	[pomidor]
concombre (m)	бодиринг	[bodiring]
carotte (f)	сабзӣ	[sabziː]
pomme (f) de terre	картошка	[kartoʃka]
oignon (m)	пиёз	[pijoz]

ail (m)	сир	[sir]
chou (m)	карам	[karam]
chou-fleur (m)	гулкарам	[gulkaram]
chou (m) de Bruxelles	карами брусселӣ	[karami brusseli:]
brocoli (m)	карами брокколӣ	[karami brokkoli:]
betterave (f)	лаблабу	[lablabu]
aubergine (f)	бодинҷон	[bodinʤon]
courgette (f)	таррак	[tarrak]
potiron (m)	каду	[kadu]
navet (m)	шалғам	[ʃalʁam]
persil (m)	чаъфарӣ	[ʤa'fari:]
fenouil (m)	шибит	[ʃibit]
laitue (f) (salade)	коху	[kohu]
céleri (m)	карафс	[karafs]
asperge (f)	морчӯба	[morʧœba]
épinard (m)	испаноқ	[ispanoq]
pois (m)	нахӯд	[naχœd]
fèves (f pl)	лӯбиё	[lœbijo]
maïs (m)	чуворимакка	[ʤuvorimakka]
haricot (m)	лӯбиё	[lœbijo]
poivron (m)	қаламфур	[qalamfur]
radis (m)	шалғамча	[ʃalʁamʧa]
artichaut (m)	анганор	[anganor]

38. Les fruits. Les noix

fruit (m)	мева	[meva]
pomme (f)	себ	[seb]
poire (f)	мурӯд, нок	[murœd], [nok]
citron (m)	лиму	[limu]
orange (f)	афлесун, пӯртахол	[aflesun], [pœrtaχol]
fraise (f)	қулфинай	[qulfinaj]
mandarine (f)	норанг	[norang]
prune (f)	олу	[olu]
pêche (f)	шафтолу	[ʃaftolu]
abricot (m)	дарахти зардолу	[daraχti zardolu]
framboise (f)	тамашк	[tamaʃk]
ananas (m)	ананас	[ananas]
banane (f)	банан	[banan]
pastèque (f)	тарбуз	[tarbuz]
raisin (m)	ангур	[angur]
cerise (f)	олуболу	[olubolu]
merise (f)	гелос	[gelos]
pamplemousse (m)	норинҷ	[norinʤ]
avocat (m)	авокадо	[avokado]
papaye (f)	папайя	[papajja]
mangue (f)	анбаҳ	[anbah]

grenade (f)	анор	[anor]
groseille (f) rouge	коти сурх	[koti surχ]
cassis (m)	қоти сиёҳ	[qoti sijɔh]
groseille (f) verte	бектошӣ	[bektoʃi:]
myrtille (f)	черника	[tʃernika]
mûre (f)	марминчон	[marmindʒon]
raisin (m) sec	мавиз	[maviz]
figue (f)	анчир	[andʒir]
datte (f)	хурмо	[χurmo]
cacahuète (f)	финдуки заминӣ	[finduki zamini:]
amande (f)	бодом	[bodom]
noix (f)	чормағз	[tʃormaʁz]
noisette (f)	финдиқ	[findiq]
noix (f) de coco	норгил	[norgil]
pistaches (f pl)	писта	[pista]

39. Le pain. Les confiseries

confiserie (f)	маҳсулоти қанноди	[mahsuloti qannodi]
pain (m)	нон	[non]
biscuit (m)	кулчақанд	[kultʃaqand]
chocolat (m)	шоколад	[ʃokolad]
en chocolat (adj)	… и шоколад, шоколадӣ	[i ʃokolad], [ʃokoladi:]
bonbon (m)	конфет	[konfet]
gâteau (m), pâtisserie (f)	пирожни	[pirɔʒni]
tarte (f)	торт	[tort]
gâteau (m)	пирог	[pirog]
garniture (f)	пур кардани, андохтани	[pur kardani], [andoχtani]
confiture (f)	мураббо	[murabbo]
marmelade (f)	мармалод	[marmalod]
gaufre (f)	вафлӣ	[vafli:]
glace (f)	яхмос	[jaχmos]
pudding (m)	пудинг	[puding]

40. Les plats cuisinés

plat (m)	таом	[taom]
cuisine (f)	таомхо	[taomhо]
recette (f)	ретсепт	[retsept]
portion (f)	навола	[navola]
salade (f)	салат	[salat]
soupe (f)	шӯрбо	[ʃœrbo]
bouillon (m)	булён	[buljon]
sandwich (m)	бутерброд	[buterbrod]
les œufs brouillés	тухмбирён	[tuχmbirjon]

hamburger (m)	гамбургер	[gamburger]
steak (m)	бифштекс	[bifʃteks]

garniture (f)	хӯриши таом	[xœriʃi taom]
spaghettis (m pl)	спагеттӣ	[spagetti:]
purée (f)	пюре	[pjure]
pizza (f)	питса	[pitsa]
bouillie (f)	шӯла	[ʃœla]
omelette (f)	омлет, тухмбирён	[omlet], [tuxmbirjɔn]

cuit à l'eau (adj)	ҷӯшондашуда	[dʒœʃondaʃuda]
fumé (adj)	дудхӯрда	[dudxœrda]
frit (adj)	бирён	[birjɔn]
sec (adj)	хушк	[xuʃk]
congelé (adj)	яхкарда	[jaxkarda]
mariné (adj)	дар сирко хобондашуда	[dar sirko xobondaʃuda]

sucré (adj)	ширин	[ʃirin]
salé (adj)	шӯр	[ʃœr]
froid (adj)	хунук	[xunuk]
chaud (adj)	гарм	[garm]
amer (adj)	талх	[talx]
bon (savoureux)	бомаза	[bomaza]

cuire à l'eau	пухтан, ҷӯшондан	[puxtan], [dʒœʃondan]
préparer (le dîner)	пухтан	[puxtan]
faire frire	бирён кардан	[birjɔn kardan]
réchauffer (vt)	гарм кардан	[garm kardan]

saler (vt)	намак андохтан	[namak andoxtan]
poivrer (vt)	қаламфур андохтан	[qalamfur andoxtan]
râper (vt)	тарошидан	[taroʃidan]
peau (f)	пӯст	[pœst]
éplucher (vt)	пӯст кандан	[pœst kandan]

41. Les épices

sel (m)	намак	[namak]
salé (adj)	шӯр	[ʃœr]
saler (vt)	намак андохтан	[namak andoxtan]

poivre (m) noir	мурчи сиёҳ	[murtʃi sijɔh]
poivre (m) rouge	мурчи сурх	[murtʃi surx]
moutarde (f)	хардал	[xardal]
raifort (m)	қаҳзак	[qahzak]

condiment (m)	хӯриш	[xœriʃ]
épice (f)	дорувор	[doruvor]
sauce (f)	қайла	[qajla]
vinaigre (m)	сирко	[sirko]

anis (m)	тухми бодиён	[tuxmi bodijɔn]
basilic (m)	нозбӯй, райҳон	[nozbœj], [rajhɔn]
clou (m) de girofle	қаланфури гардан	[qalanfuri gardan]

gingembre (m)	занҷабил	[zandʒabil]
coriandre (m)	кашнич	[kaʃnidʒ]
cannelle (f)	дорчин, долчин	[dortʃin], [doltʃin]
sésame (m)	кунҷид	[kundʒid]
feuille (f) de laurier	барги ғор	[bargi ʁor]
paprika (m)	қаламфур	[qalamfur]
cumin (m)	зира	[zira]
safran (m)	заъфарон	[za'faron]

42. Les repas

nourriture (f)	хӯрок, таом	[xœrok], [taom]
manger (vi, vt)	хӯрдан	[xœrdan]
petit déjeuner (m)	ноништа	[noniʃta]
prendre le petit déjeuner	ноништа кардан	[noniʃta kardan]
déjeuner (m)	хӯроки пешин	[xœroki peʃin]
déjeuner (vi)	хӯроки пешин хӯрдан	[xœroki peʃin xœrdan]
dîner (m)	шом	[ʃom]
dîner (vi)	хӯроки шом хӯрдан	[xœroki ʃom xœrdan]
appétit (m)	иштиҳо	[iʃtiho]
Bon appétit!	ош шавад!	[oʃ ʃavad]
ouvrir (vt)	кушодан	[kuʃodan]
renverser (liquide)	резондан	[rezondan]
se renverser (liquide)	рехтан	[rextan]
bouillir (vi)	ҷӯшидан	[dʒœʃidan]
faire bouillir	ҷӯшондан	[dʒœʃondan]
bouilli (l'eau ~e)	ҷӯшомада	[dʒœʃomada]
refroidir (vt)	хунук кардан	[xunuk kardan]
se refroidir (vp)	хунук шудан	[xunuk ʃudan]
goût (m)	маза, таъм	[maza], [ta'm]
arrière-goût (m)	таъм	[ta'm]
suivre un régime	хароб шудан	[xarob ʃudan]
régime (m)	диета	[dieta]
vitamine (f)	витамин	[vitamin]
calorie (f)	калория	[kalorija]
végétarien (m)	гуштнахӯранда	[gœʃtnaxœranda]
végétarien (adj)	бегӯшт	[begœʃt]
lipides (m pl)	равған	[ravʁan]
protéines (f pl)	сафедаҳо	[safedaho]
glucides (m pl)	карбогидратҳо	[karbogidratho]
tranche (f)	тилим, порча	[tilim], [portʃa]
morceau (m)	порча	[portʃa]
miette (f)	резгӣ	[rezgi:]

43. Le dressage de la table

cuillère (f)	қошуқ	[qoʃuq]
couteau (m)	корд	[kord]
fourchette (f)	чангча, чангол	[tʃangtʃa], [tʃangol]
tasse (f)	косача	[kosatʃa]
assiette (f)	тақсимча	[taqsimtʃa]
soucoupe (f)	тақсимӣ, тақсимича	[taqsimi:], [taqsimitʃa]
serviette (f)	салфетка	[salfetka]
cure-dent (m)	дандонковак	[dandonkovak]

44. Le restaurant

restaurant (m)	тарабхона	[tarabχona]
salon (m) de café	қаҳвахона	[qahvaχona]
bar (m)	бар	[bar]
salon (m) de thé	чойхона	[tʃojχona]
serveur (m)	пешхизмат	[peʃχizmat]
serveuse (f)	пешхизмат	[peʃχizmat]
barman (m)	бармен	[barmen]
carte (f)	меню	[menju]
carte (f) des vins	рӯйхати шаробҳо	[rœjχati ʃarobho]
réserver une table	банд кардани миз	[band kardani miz]
plat (m)	таом	[taom]
commander (vt)	супориш додан	[suporiʃ dodan]
faire la commande	фармоиш додан	[farmoiʃ dodan]
apéritif (m)	аперитив	[aperitiv]
hors-d'œuvre (m)	хӯриш, газак	[χœriʃ], [gazak]
dessert (m)	десерт	[desert]
addition (f)	ҳисоб	[hisob]
régler l'addition	пардохт кардан	[pardoχt kardan]
rendre la monnaie	бақия додан	[baqija dodan]
pourboire (m)	чойпулӣ	[tʃojpuli:]

La famille. Les parents. Les amis

45. Les données personnelles. Les formulaires

prénom (m)	ном	[nom]
nom (m) de famille	фамилия	[familija]
date (f) de naissance	рӯзи таваллуд	[rœzi tavallud]
lieu (m) de naissance	ҷойи таваллуд	[dʒoji tavallud]
nationalité (f)	миллият	[millijat]
domicile (m)	ҷои истиқомат	[dʒoi istiqomat]
pays (m)	кишвар	[kiʃvar]
profession (f)	касб	[kasb]
sexe (m)	ҷинс	[dʒins]
taille (f)	қад	[qad]
poids (m)	вазн	[vazn]

46. La famille. Les liens de parenté

mère (f)	модар	[modar]
père (m)	падар	[padar]
fils (m)	писар	[pisar]
fille (f)	духтар	[duχtar]
fille (f) cadette	духтари хурдӣ	[duχtari χurdi:]
fils (m) cadet	писари хурдӣ	[pisari χurdi:]
fille (f) aînée	духтари калонӣ	[duχtari kaloni:]
fils (m) aîné	писари калонӣ	[pisari kaloni:]
frère (m)	бародар	[barodar]
frère (m) aîné	ака	[aka]
frère (m) cadet	додар	[dodar]
sœur (f)	хоҳар	[χohar]
sœur (f) aînée	апа	[apa]
sœur (f) cadette	хоҳари хурд	[χohari χurd]
cousin (m)	амакписар (ама-, тағо-, хола-)	[amakpisar] ([ama], [taʁo], [χola])
cousine (f)	амакдухтар (ама-, тағо-, хола-)	[amakduχtar] ([ama], [taʁo], [χola])
maman (f)	модар, оча	[modar], [otʃa]
papa (m)	дада	[dada]
parents (m pl)	волидайн	[volidajn]
enfant (m, f)	кӯдак	[kœdak]
enfants (pl)	бачагон, кӯдакон	[batʃagon], [kœdakon]
grand-mère (f)	модаркалон, онакалон	[modarkalon], [onakalon]

grand-père (m)	бобо	[bobo]
petit-fils (m)	набера	[nabera]
petite-fille (f)	набера	[nabera]
petits-enfants (pl)	набераҳо	[naberaho]
oncle (m)	таѓо, амак	[taʁo], [amak]
tante (f)	хола, амма	[χola], [amma]
neveu (m)	ҷиян	[dʒijan]
nièce (f)	ҷиян	[dʒijan]
belle-mère (f)	модарарӯс	[modararœs]
beau-père (m)	падаршӯй	[padarʃœj]
gendre (m)	почо, язна	[potʃo], [jazna]
belle-mère (f)	модарандар	[modarandar]
beau-père (m)	падарандар	[padarandar]
nourrisson (m)	бачаи ширмак	[batʃai ʃirmak]
bébé (m)	кӯдаки ширмак	[kœdaki ʃirmak]
petit (m)	писарча, кӯдак	[pisartʃa], [kœdak]
femme (f)	зан	[zan]
mari (m)	шавҳар, шӯй	[ʃavhar], [ʃœj]
époux (m)	завҷ	[zavdʒ]
épouse (f)	завҷа	[zavdʒa]
marié (adj)	зандор	[zandor]
mariée (adj)	шавҳардор	[ʃavhardor]
célibataire (adj)	безан	[bezan]
célibataire (m)	безан	[bezan]
divorcé (adj)	ҷудошудагӣ	[dʒudoʃudagi:]
veuve (f)	бева, бевазан	[beva], [bevazan]
veuf (m)	бева, занмурда	[beva], [zanmurda]
parent (m)	хеш	[χeʃ]
parent (m) proche	хеши наздик	[χeʃi nazdik]
parent (m) éloigné	хеши дур	[χeʃi dur]
parents (m pl)	хешу табор	[χeʃu tabor]
orphelin (m)	ятимбача	[jatimbatʃa]
orpheline (f)	ятимдухтар	[jatimduχtar]
tuteur (m)	васӣ	[vasi:]
adopter (un garçon)	писар хондан	[pisar χondan]
adopter (une fille)	духтархонд кардан	[duχtarχond kardan]

La médecine

47. Les maladies

maladie (f)	касалӣ, беморӣ	[kasali:], [bemori:]
être malade	бемор будан	[bemor budan]
santé (f)	тандурустӣ, саломатӣ	[tandurusti:], [salomati:]
rhume (m) (coryza)	зуком	[zukom]
angine (f)	дарди гулӯ	[dardi guloe]
refroidissement (m)	шамол хӯрдани	[ʃamol χœrdani]
prendre froid	шамол хӯрдан	[ʃamol χœrdan]
bronchite (f)	бронхит	[bronχit]
pneumonie (f)	варами шуш	[varami ʃuʃ]
grippe (f)	грипп	[gripp]
myope (adj)	наздикбин	[nazdikbin]
presbyte (adj)	дурбин	[durbin]
strabisme (m)	олусӣ	[olusi:]
strabique (adj)	олус	[olus]
cataracte (f)	катаракта	[katarakta]
glaucome (m)	глаукома	[glaukoma]
insulte (f)	сактаи майна	[saktai majna]
crise (f) cardiaque	инфаркт, сактаи дил	[infarkt], [saktai dil]
infarctus (m) de myocarde	инфаркти миокард	[infarkti miokard]
paralysie (f)	фалач	[faladʒ]
paralyser (vt)	фалач шудан	[faladʒ ʃudan]
allergie (f)	аллергия	[allergija]
asthme (m)	астма, зиққи нафас	[astma], [ziqqi nafas]
diabète (m)	диабет	[diabet]
mal (m) de dents	дарди дандон	[dardi dandon]
carie (f)	кариес	[karies]
diarrhée (f)	шикамрав	[ʃikamrav]
constipation (f)	қабзият	[qabzijat]
estomac (m) barbouillé	вайроншавии меъда	[vajronʃavi:i me'da]
intoxication (f) alimentaire	заҳролудшавӣ	[zahroludʃavi:]
être intoxiqué	заҳролуд шудан	[zahrolud ʃudan]
arthrite (f)	артрит	[artrit]
rachitisme (m)	рахит, чиллаашӯр	[raχit], [tʃillaaʃœr]
rhumatisme (m)	тарбод	[tarbod]
athérosclérose (f)	атеросклероз	[ateroskleroz]
gastrite (f)	гастрит	[gastrit]
appendicite (f)	варами кӯррӯда	[varami kœrrœda]

cholécystite (f)	холетсистит	[χoletsistit]
ulcère (m)	захм	[zaχm]
rougeole (f)	сурхча, сурхак	[surχtʃa], [surχak]
rubéole (f)	сурхакон	[surχakon]
jaunisse (f)	зардча, заъфарма	[zardtʃa], [zaʼfarma]
hépatite (f)	гепатит, қубод	[gepatit], [qubod]
schizophrénie (f)	маҷзубият	[madʒzubijat]
rage (f) (hydrophobie)	хорӣ	[hori:]
névrose (f)	невроз, чунун	[nevroz], [tʃunun]
commotion (f) cérébrale	зарб хӯрдани майна	[zarb χœrdani majna]
cancer (m)	саратон	[saraton]
sclérose (f)	склероз	[skleroz]
sclérose (f) en plaques	склерози густаришёфта	[sklerozi gustariʃʃofta]
alcoolisme (m)	майзадагӣ	[majzadagi:]
alcoolique (m)	майзада	[majzada]
syphilis (f)	оташак	[otaʃak]
SIDA (m)	СПИД	[spid]
tumeur (f)	варам	[varam]
maligne (adj)	ганда	[ganda]
bénigne (adj)	безарар	[bezarar]
fièvre (f)	табларза, варача	[tablarza], [varadʒa]
malaria (f)	варача	[varadʒa]
gangrène (f)	гангрена	[gangrena]
mal (m) de mer	касалии баҳр	[kasali:i bahr]
épilepsie (f)	саръ	[sarʼ]
épidémie (f)	эпидемия	[ɛpidemija]
typhus (m)	арақа, домана	[araqa], [domana]
tuberculose (f)	сил	[sil]
choléra (m)	вабо	[vabo]
peste (f)	тоун	[toun]

48. Les symptômes. Le traitement. Partie 1

symptôme (m)	аломат	[alomat]
température (f)	ҳарорат, таб	[harorat], [tab]
fièvre (f)	ҳарорати баланд	[harorati baland]
pouls (m)	набз	[nabz]
vertige (m)	саргардӣ	[sargardi:]
chaud (adj)	гарм	[garm]
frisson (m)	ларза, варача	[larza], [varadʒa]
pâle (adj)	рангпарида	[rangparida]
toux (f)	сулфа	[sulfa]
tousser (vi)	сулфидан	[sulfidan]
éternuer (vi)	атса задан	[atsa zadan]
évanouissement (m)	беҳушӣ	[behuʃi:]

s'évanouir (vp)	бехуш шудан	[behuʃ ʃudan]
bleu (m)	доғи кабуд, кабудӣ	[doʁi kabud], [kabudi:]
bosse (f)	ғуррӣ	[ʁurri:]
se heurter (vp)	зада шудан	[zada ʃudan]
meurtrissure (f)	лат	[lat]
se faire mal	лату кӯб хӯрдан	[latu kœb χœrdan]

boiter (vi)	лангидан	[langidan]
foulure (f)	баромадан	[baromadan]
se démettre (l'épaule, etc.)	баровардан	[barovardan]
fracture (f)	шикасти устухон	[ʃikasti ustuχon]
avoir une fracture	устухон шикастан	[ustuχon ʃikastan]

coupure (f)	буриш	[buriʃ]
se couper (~ le doigt)	буридан	[buridan]
hémorragie (f)	хунравӣ	[χunravi:]

brûlure (f)	сӯхта	[sœχta]
se brûler (vp)	сӯзондан	[sœzondan]

se piquer (le doigt)	халондан	[χalondan]
se piquer (vp)	халидан	[χalidan]
blesser (vt)	осеб дидан	[oseb didan]
blessure (f)	захм	[zaχm]
plaie (f) (blessure)	захм, реш	[zaχm], [reʃ]
trauma (m)	захм	[zaχm]

délirer (vi)	алой гуфтан	[aloi: guftan]
bégayer (vi)	тутила шудан	[tutila ʃudan]
insolation (f)	офтобзанӣ	[oftobzani:]

49. Les symptômes. Le traitement. Partie 2

douleur (f)	дард	[dard]
écharde (f)	хор, зиреба	[χor], [zireba]

sueur (f)	арақ	[araq]
suer (vi)	арақ кардан	[araq kardan]
vomissement (m)	қайкунӣ	[qajkuni:]
spasmes (m pl)	рагкашӣ	[ragkaʃi:]

enceinte (adj)	ҳомила	[homila]
naître (vi)	таваллуд шудан	[tavallud ʃudan]
accouchement (m)	зоиш	[zoiʃ]
accoucher (vi)	зоидан	[zoidan]
avortement (m)	аборт, бачапартой	[abort], [batʃapartoi:]

inhalation (f)	нафасгирӣ	[nafasgiri:]
expiration (f)	нафасбарорӣ	[nafasbarori:]
expirer (vi)	нафас баровардаи	[nafas barovardai]
inspirer (vi)	нафас кашидан	[nafas kaʃidan]

invalide (m)	инвалид	[invalid]
handicapé (m)	маъюб	[ma'jub]

drogué (m)	нашъаманд	[naʃ'amand]
sourd (adj)	кар, гӯшкар	[kar], [gœʃkar]
muet (adj)	гунг	[gung]
sourd-muet (adj)	кару гунг	[karu gung]

fou (adj)	девона	[devona]
fou (m)	девона	[devona]
folle (f)	девона	[devona]
devenir fou	аз ақл бегона шудан	[az aql begona ʃudan]

gène (m)	ген	[gen]
immunité (f)	сироятнопазирӣ	[sirojatnopaziri:]
héréditaire (adj)	меросӣ, ирсӣ	[merosi:], [irsi:]
congénital (adj)	модарзод	[modarzod]

virus (m)	вирус	[virus]
microbe (m)	микроб	[mikrob]
bactérie (f)	бактерия	[bakterija]
infection (f)	сироят	[sirojat]

50. Les symptômes. Le traitement. Partie 3

| hôpital (m) | касалхона | [kasalχona] |
| patient (m) | бемор | [bemor] |

diagnostic (m)	ташхиси касалӣ	[taʃχisi kasali:]
cure (f) (faire une ~)	муолиҷа	[muoliʤa]
traitement (m)	табобат	[tabobat]
se faire soigner	табобат гирифтан	[tabobat giriftan]
traiter (un patient)	табобат кардан	[tabobat kardan]
soigner (un malade)	нигоҳубин кардан	[nigohubin kardan]
soins (m pl)	нигоҳубин	[nigohubin]

opération (f)	ҷарроҳи	[ʤarrohi]
panser (vt)	бо бандина бастан	[bo bandina bastan]
pansement (m)	ҷароҳатбандӣ	[ʤarohatbandi:]

vaccination (f)	доругузаронӣ	[doruguzaroni:]
vacciner (vt)	эмгузаронӣ кардан	[ɛmguzaroni: kardan]
piqûre (f)	сӯзанзанӣ	[sœzanzani:]
faire une piqûre	сӯзандору кардан	[sœzandoru kardan]

crise, attaque (f)	хуруҷ	[χuruʤ]
amputation (f)	ампутатсия	[amputatsija]
amputer (vt)	ампутатсия кардан	[amputatsija kardan]
coma (m)	кома, игмо	[koma], [igmo]
être dans le coma	дар кома будан	[dar koma budan]
réanimation (f)	шӯъбаи эҳё	[ʃœ'bai ɛhjo]

se rétablir (vp)	сиҳат шудан	[sihat ʃudan]
état (m) (de santé)	аҳвол	[ahvol]
conscience (f)	хуш	[huʃ]
mémoire (f)	ҳофиза	[hofiza]
arracher (une dent)	кандан	[kandan]

plombage (m)	пломба	[plomba]
plomber (vt)	пломба занондан	[plomba zanondan]
hypnose (f)	гипноз	[gipnoz]
hypnotiser (vt)	гипноз кардан	[gipnoz kardan]

51. Les médecins

médecin (m)	духтур	[duxtur]
infirmière (f)	ҳамшираи тиббӣ	[hamʃirai tibbi:]
médecin (m) personnel	духтури шахсӣ	[duxturi ʃaxsi:]
dentiste (m)	духтури дандон	[duxturi dandon]
ophtalmologiste (m)	духтури чашм	[duxturi tʃaʃm]
généraliste (m)	терапевт	[terapevt]
chirurgien (m)	ҷаррох	[dʒarroh]
psychiatre (m)	равонпизишк	[ravonpiziʃk]
pédiatre (m)	духтури касалиҳои кудакона	[duxturi kasalihoi kœdakona]
psychologue (m)	равоншинос	[ravonʃinos]
gynécologue (m)	гинеколог	[ginekolog]
cardiologue (m)	кардиолог	[kardiolog]

52. Les médicaments. Les accessoires

médicament (m)	дору	[doru]
remède (m)	дору	[doru]
prescrire (vt)	таъйин кардан	[ta'jin kardan]
ordonnance (f)	нусхаи даво	[nusxai davo]
comprimé (m)	ҳаб	[hab]
onguent (m)	марҳам	[marham]
ampoule (f)	ампул	[ampul]
mixture (f)	доруи обакӣ	[dorui obaki:]
sirop (m)	сироп	[sirop]
pilule (f)	ҳаб	[hab]
poudre (f)	хока	[xoka]
bande (f)	дока	[doka]
coton (m) (ouate)	пахта	[paxta]
iode (m)	йод	[jɔd]
sparadrap (m)	лейкопластир	[lejkoplastir]
compte-gouttes (m)	қатрачакон	[qatratʃakon]
thermomètre (m)	ҳароратсанҷ	[haroratsandʒ]
seringue (f)	обдуздак	[obduzdak]
fauteuil (m) roulant	аробачаи маъюбӣ	[arobatʃai ma'jubi:]
béquilles (f pl)	бағаласо	[baʁalaso]
anesthésique (m)	доруи дард	[dorui dard]
purgatif (m)	мусхил	[mushil]

alcool (m)	спирт	[spirt]
herbe (f) médicinale	растаниҳои доруги̅	[rastanihoi dorugi:]
d'herbes (adj)	... и алаф	[i alaf]

L'HABITAT HUMAIN

La ville

53. La ville. La vie urbaine

ville (f)	шаҳр	[ʃahr]
capitale (f)	пойтахт	[pojtaxt]
village (m)	деҳа, дех	[deha], [deh]
plan (m) de la ville	нақшаи шаҳр	[naqʃai ʃahr]
centre-ville (m)	маркази шаҳр	[markazi ʃahr]
banlieue (f)	шаҳрча	[ʃahrtʃa]
de banlieue (adj)	наздишаҳрӣ	[nazdiʃahri:]
périphérie (f)	атроф, канор	[atrof], [kanor]
alentours (m pl)	атрофи шаҳр	[atrofi ʃahr]
quartier (m)	квартал, маҳалла	[kvartal], [mahalla]
quartier (m) résidentiel	маҳаллаи истиқоматӣ	[mahallai istiqomati:]
trafic (m)	ҳаракат дар кӯча	[harakat dar kœtʃa]
feux (m pl) de circulation	чароғи раҳнамо	[tʃaroʁi rahnamo]
transport (m) urbain	нақлиёти шаҳрӣ	[naqlijoti ʃahri:]
carrefour (m)	чорраҳа	[tʃorraha]
passage (m) piéton	гузаргоҳи пиёдагардон	[guzargohi pijodagardon]
passage (m) souterrain	гузаргоҳи зеризаминӣ	[guzargohi zerizamini:]
traverser (vt)	гузаштан	[guzaʃtan]
piéton (m)	пиёдагард	[pijodɒgard]
trottoir (m)	пиёдараҳа	[pijodaraha]
pont (m)	пул, кӯпрук	[pul], [kœpruk]
quai (m)	соҳил	[sohil]
fontaine (f)	фаввора	[favvora]
allée (f)	кӯчабоғ	[kœtʃabɒʁ]
parc (m)	боғ	[bɒʁ]
boulevard (m)	кӯчабоғ, гулгашт	[kœtʃabɒʁ], [gulgaʃt]
place (f)	майдон	[majdon]
avenue (f)	хиёбон	[xijɔbon]
rue (f)	кӯча	[kœtʃa]
ruelle (f)	тангкӯча	[tangkœtʃa]
impasse (f)	кӯчаи бумбаста	[kœtʃai bumbasta]
maison (f)	хона	[xona]
édifice (m)	бино	[bino]
gratte-ciel (m)	иморати осмонхарош	[imorati osmonxaroʃ]
façade (f)	намо	[namo]
toit (m)	бом	[bom]

fenêtre (f)	тиреза	[tireza]
arc (m)	равоқ, тоқ	[ravoq], [toq]
colonne (f)	сутун	[sutun]
coin (m)	бурчак	[burtʃak]

vitrine (f)	витрина	[vitrina]
enseigne (f)	лавҳа	[lavha]
affiche (f)	эълоннома	[ɛ'lonnoma]
affiche (f) publicitaire	плакати реклама	[plakati reklama]
panneau-réclame (m)	лавҳаи эълонҳо	[lavhai ɛ'lonho]

ordures (f pl)	ахлот, хокрӯба	[axlot], [xokrœba]
poubelle (f)	ахлотқуттӣ	[axlotqutti:]
jeter à terre	ифлос кардан	[iflos kardan]
décharge (f)	партовгоҳ	[partovgoh]

cabine (f) téléphonique	будкаи телефон	[budkai telefon]
réverbère (m)	сутуни фонус	[sutuni fonus]
banc (m)	нимкат	[nimkat]

policier (m)	полис	[polis]
police (f)	полис	[polis]
clochard (m)	гадо	[gado]
sans-abri (m)	бехона	[bexona]

54. Les institutions urbaines

magasin (m)	магазин	[magazin]
pharmacie (f)	дорухона	[doruxona]
opticien (m)	оптика	[optika]
centre (m) commercial	маркази савдо	[markazi savdo]
supermarché (m)	супермаркет	[supermarket]

boulangerie (f)	дӯкони нонфурӯшӣ	[dœkoni nonfurœʃi:]
boulanger (m)	нонвой	[nonvoj]
pâtisserie (f)	қаннодӣ	[qannodi:]
épicerie (f)	дӯкони баққолӣ	[dœkoni baqqoli:]
boucherie (f)	дӯкони гӯштфурӯшӣ	[dœkoni gœʃtfurœʃi:]

| magasin (m) de légumes | дӯкони сабзавот | [dœkoni sabzavot] |
| marché (m) | бозор | [bozor] |

salon (m) de café	қаҳвахона	[qahvaxona]
restaurant (m)	тарабхона	[tarabxona]
brasserie (f)	пивохона	[pivoxona]
pizzeria (f)	питсерия	[pitserija]

salon (m) de coiffure	сартарошхона	[sartaroʃxona]
poste (f)	пӯшта	[pœʃta]
pressing (m)	козургарии химиявӣ	[kozurgari:i ximijavi:]

| atelier (m) de photo | суратгирхона | [suratgirxona] |
| magasin (m) de chaussures | магазини пойафзолфурӯшӣ | [magazini pojafzolfurœʃi:] |

| librairie (f) | мағозаи китоб | [maʁozai kitob] |
| magasin (m) d'articles de sport | мағозаи варзишӣ | [maʁozai varziʃi:] |

atelier (m) de retouche	таъмири либос	[ta'miri libos]
location (f) de vêtements	кирояи либос	[kirojai libos]
location (f) de films	кирояи филмҳо	[kirojai filmho]

cirque (m)	сирк	[sirk]
zoo (m)	боғи ҳайвонот	[boʁi hajvonot]
cinéma (m)	кинотеатр	[kinoteatr]
musée (m)	осорхона	[osorχona]
bibliothèque (f)	китобхона	[kitobχona]

théâtre (m)	театр	[teatr]
opéra (m)	опера	[opera]
boîte (f) de nuit	клуби шабона	[klubi ʃabona]
casino (m)	казино	[kazino]

mosquée (f)	масҷид	[masdʒid]
synagogue (f)	каниса	[kanisa]
cathédrale (f)	собор	[sobor]
temple (m)	ибодатгоҳ	[ibodatgoh]
église (f)	калисо	[kaliso]

institut (m)	институт	[institut]
université (f)	университет	[universitet]
école (f)	мактаб	[maktab]

préfecture (f)	префектура	[prefektura]
mairie (f)	мэрия	[mɛrija]
hôtel (m)	меҳмонхона	[mehmonχona]
banque (f)	банк	[bank]

ambassade (f)	сафорат	[saforat]
agenoo (f) de voyages	турагенство	[turagenstvo]
bureau (m) d'information	бюрои справкадиҳӣ	[bjuroi spravkadihi:]
bureau (m) de change	нуқтаи мубодила	[nuqtai mubodila]

| métro (m) | метро | [metro] |
| hôpital (m) | касалхона | [kasalχona] |

| station-service (f) | нуқтаи фурӯши сӯзишворӣ | [nuqtai furœʃi sœziʃvori:] |
| parking (m) | истгоҳи мошинҳо | [istgohi moʃinho] |

55. Les enseignes. Les panneaux

enseigne (f)	лавҳа	[lavha]
pancarte (f)	хат, навиштаҷот	[χat], [naviʃtadʒot]
poster (m)	плакат	[plakat]
indicateur (m) de direction	аломат, нишона	[alomat], [nlʃona]
flèche (f)	аломати тир	[alomati tir]
avertissement (m)	огоҳӣ	[ogohi:]
panneau d'avertissement	огоҳӣ	[ogohi:]

avertir (vt)	танбеҳ додан	[tanbeh dodan]
jour (m) de repos	рӯзи истироҳат	[rœzi istirohat]
horaire (m)	чадвал	[dʒadval]
heures (f pl) d'ouverture	соати корӣ	[soati kori:]
BIENVENUE!	ХУШ ОМАДЕД!	[xuʃ omaded]
ENTRÉE	ДАРОМАД	[daromad]
SORTIE	БАРОМАД	[baromad]
POUSSER	АЗ ХУД	[az χud]
TIRER	БА ХУД	[ba χud]
OUVERT	КУШОДА	[kuʃoda]
FERMÉ	ПӮШИДА	[pœʃida]
FEMMES	БАРОИ ЗАНОН	[baroi zanon]
HOMMES	БАРОИ МАРДОН	[baroi mardon]
RABAIS	ТАХФИФ	[taχfif]
SOLDES	АРЗОНФУРӮШӢ	[arzonfurœʃi:]
NOUVEAU!	МОЛИ НАВ!	[moli nav]
GRATUIT	БЕПУЛ	[bepul]
ATTENTION!	ДИҚҚАТ!	[diqqat]
COMPLET	ҶОЙ НЕСТ	[dʒoj nest]
RÉSERVÉ	БАНД АСТ	[band ast]
ADMINISTRATION	МАЪМУРИЯТ	[ma'murijat]
RÉSERVÉ AU PERSONNEL	ФАҚАТ БАРОИ КОРМАНДОН	[faqat baroi kormandon]
ATTENTION CHIEN MÉCHANT	САГИ ГАЗАНДА	[sagi gazanda]
DÉFENSE DE FUMER	ТАМОКУ НАКАШЕД!	[tamoku nakaʃed]
PRIÈRE DE NE PAS TOUCHER	ДАСТ НАРАСОНЕД!	[dast narasoned]
DANGEREUX	ХАТАРНОК	[χatarnok]
DANGER	ХАТАР	[χatar]
HAUTE TENSION	ШИДДАТИ БАЛАНД	[ʃiddati baland]
BAIGNADE INTERDITE	ОББОЗӢ КАРДАН МАНЪ АСТ	[obbozi: kardan man' ast]
HORS SERVICE	КОР НАМЕКУНАД	[kor namekunad]
INFLAMMABLE	ОТАШАНГЕЗ	[otaʃangez]
INTERDIT	МАНЪ АСТ	[man' ast]
PASSAGE INTERDIT	ДАРОМАД МАНЪ АСТ	[daromad man' ast]
PEINTURE FRAÎCHE	РАНГ КАРДА ШУДААСТ	[rang karda ʃudaast]

56. Les transports en commun

autobus (m)	автобус	[avtobus]
tramway (m)	трамвай	[tramvaj]
trolleybus (m)	троллейбус	[trollejbus]
itinéraire (m)	маршрут	[marʃrut]

numéro (m)	рақам	[raqam]
prendre ...	савор будан	[savor budan]
monter (dans l'autobus)	савор шудан	[savor ʃudan]
descendre de ...	фуромадан	[furomadan]
arrêt (m)	истгоҳ	[istgoh]
arrêt (m) prochain	истгоҳи дигар	[istgohi digar]
terminus (m)	истгоҳи охирон	[istgohi oxiron]
horaire (m)	ҷадвал	[dʒadval]
attendre (vt)	поидан	[poidan]
ticket (m)	билет	[bilet]
prix (m) du ticket	арзиши чипта	[arziʃi tʃipta]
caissier (m)	кассир	[kassir]
contrôle (m) des tickets	назорат	[nazorat]
contrôleur (m)	нозир	[nozir]
être en retard	дер мондан	[der mondan]
rater (~ le train)	дер мондан	[der mondan]
se dépêcher	шитоб кардан	[ʃitob kardan]
taxi (m)	такси	[taksi]
chauffeur (m) de taxi	таксичӣ	[taksitʃi:]
en taxi	дар такси	[dar taksi]
arrêt (m) de taxi	истгоҳи такси	[istgohi taksi:]
appeler un taxi	даъват кардани такси	[da'vat kardani taksi:]
prendre un taxi	такси гирифтан	[taksi giriftan]
trafic (m)	ҳаракат дар кӯча	[harakat dar kœtʃa]
embouteillage (m)	пробка	[probka]
heures (f pl) de pointe	час пик	[tʃas pik]
se garer (vp)	ҷой кардан	[dʒoj kardan]
garer (vt)	ҷой кардан	[dʒoj kardan]
parking (m)	истгоҳ	[istgoh]
métro (m)	метро	[metro]
station (f)	истгоҳ	[istgoh]
prendre le métro	бо метро рафтан	[bo metro raftan]
train (m)	поезд, қатор	[poezd], [qator]
gare (f)	вокзал	[vokzal]

57. Le tourisme

monument (m)	ҳайкал	[hajkal]
forteresse (f)	ҳисор	[hisor]
palais (m)	қаср	[qasr]
château (m)	кӯшк	[kœʃk]
tour (f)	манора, бурҷ	[manora], [burdʒ]
mausolée (m)	мавзолей, мақбара	[mavzolej], [maqbara]
architecture (f)	меъморӣ	[me'mori:]
médiéval (adj)	асримиёнагӣ	[asrimijɔnagi:]
ancien (adj)	қадим	[qadim]

national (adj)	миллӣ	[milli:]
connu (adj)	маъруф	[ma'ruf]

touriste (m)	саёҳатчӣ	[sajɔhattʃi:]
guide (m) (personne)	роҳбалад	[rohbalad]
excursion (f)	экскурсия	[ɛkskursija]
montrer (vt)	нишон додан	[niʃon dodan]
raconter (une histoire)	нақл кардан	[naql kardan]

trouver (vt)	ёфтан	[jɔftan]
se perdre (vp)	роҳ гум кардан	[roh gum kardan]
plan (m) (du metro, etc.)	нақша	[nakʃa]
carte (f) (de la ville, etc.)	нақша	[naqʃa]

souvenir (m)	тӯҳфа	[tœhfa]
boutique (f) de souvenirs	мағозаи туҳфаҳо	[maʁozai tuhfaho]
prendre en photo	сурат гирифтан	[surat giriftan]
se faire prendre en photo	сурати худро гирондан	[surati χudro girondan]

58. Le shopping

acheter (vt)	харидан	[χaridan]
achat (m)	харид	[χarid]
faire des achats	харид кардан	[χarid kardan]
shopping (m)	шопинг	[ʃoping]

être ouvert	кушода будан	[kuʃoda budan]
être fermé	маҳкам будан	[mahkam budan]

chaussures (f pl)	пойафзол	[pojafzol]
vêtement (m)	либос	[libos]
produits (m pl) de beauté	косметика	[kosmetika]
produits (m pl) alimentaires	озуқаворӣ	[ozuqavori:]
cadeau (m)	тӯҳфа	[tœhfa]

vendeur (m)	фурӯш	[furœʃ]
vendeuse (f)	фурӯш	[furœʃ]

caisse (f)	касса	[kassa]
miroir (m)	оина	[oina]
comptoir (m)	пешдӯкон	[peʃdœkon]
cabine (f) d'essayage	ҷои пӯшида дидани либос	[dʒoi pœʃida didani libos]

essayer (robe, etc.)	пӯшида дидан	[pœʃida didan]
aller bien (robe, etc.)	мувофиқ омадан	[muvofiq omadan]
plaire (être apprécié)	форидан	[foridan]

prix (m)	нарх	[narχ]
étiquette (f) de prix	нархнома	[narχnoma]
coûter (vt)	арзидан	[arzidan]
Combien?	Чанд пул?	[tʃand pul]
rabais (m)	тахфиф	[taχfif]
pas cher (adj)	арзон	[arzon]
bon marché (adj)	арзон	[arzon]

| cher (adj) | қимат | [qimat] |
| C'est cher | Ин қимат аст | [in qimat ast] |

location (f)	кироя	[kiroja]
louer (une voiture, etc.)	насия гирифтан	[nasija giriftan]
crédit (m)	қарз	[qarz]
à crédit (adv)	кредит гирифтан	[kredit giriftan]

59. L'argent

argent (m)	пул	[pul]
échange (m)	мубодила, иваз	[mubodila], [ivaz]
cours (m) de change	курб	[qurb]
distributeur (m)	банкомат	[bankomat]
monnaie (f)	танга	[tanga]

dollar (m)	доллар	[dollar]
lire (f)	лираи италиявӣ	[lirai italijavi:]
mark (m) allemand	маркаи олмонӣ	[markai olmoni:]
franc (m)	франк	[frank]
livre sterling (f)	фунт стерлинг	[funt sterling]
yen (m)	иена	[iena]

dette (f)	қарз	[qarz]
débiteur (m)	қарздор	[qarzdor]
prêter (vt)	қарз додан	[qarz dodan]
emprunter (vt)	қарз гирифтан	[qarz giriftan]

banque (f)	банк	[bank]
compte (m)	ҳисоб	[hisob]
verser (dans le compte)	гузарондан	[guzarondan]
verser dans le compte	ба суратҳисоб гузарондан	[ba surathisob guzarondan]
retirer du compte	аз суратҳисоб гирифтан	[az surathisob giriftan]

carte (f) de crédit	корти кредитӣ	[korti krediti:]
espèces (f pl)	пули нақд, нақдина	[puli naqd], [naqdina]
chèque (m)	чек	[tʃek]
faire un chèque	чек навиштан	[tʃek naviʃtan]
chéquier (m)	дафтарчаи чек	[daftartʃai tʃek]

portefeuille (m)	ҳамён	[hamjon]
bourse (f)	ҳамён	[hamjon]
coffre fort (m)	сейф	[sejf]

héritier (m)	меросхӯр	[merosxœr]
héritage (m)	мерос	[meros]
fortune (f)	дорой	[doroi:]

location (f)	иҷора	[idʒora]
loyer (m) (argent)	ҳаққи манзил	[haqqi manzil]
louer (prendre en location)	ба иҷора гирифтан	[ba idʒora giriftan]

| prix (m) | нарх | [narx] |
| coût (m) | арзиш | [arziʃ] |

somme (f)	маблағ	[mablaʁ]
dépenser (vt)	сарф кардан	[sarf kardan]
dépenses (f pl)	харҷ, ҳазина	[xardʒ], [hazina]
économiser (vt)	сарфа кардан	[sarfa kardan]
économe (adj)	сарфакор	[sarfakor]
payer (régler)	пул додан	[pul dodan]
paiement (m)	пардохт	[pardoxt]
monnaie (f) (rendre la ~)	бақияи пул	[baqijai pul]
impôt (m)	налог, андоз	[nalog], [andoz]
amende (f)	ҷарима	[dʒarima]
mettre une amende	ҷарима андохтан	[dʒarima andoxtan]

60. La poste. Les services postaux

poste (f)	почта	[potʃta]
courrier (m) (lettres, etc.)	почта	[potʃta]
facteur (m)	хаткашон	[xatkaʃon]
heures (f pl) d'ouverture	соати корӣ	[soati kori:]
lettre (f)	мактуб	[maktub]
recommandé (m)	хати супориши	[xati suporiʃi:]
carte (f) postale	руқъа	[ruq'a]
télégramme (m)	барқия	[barqija]
colis (m)	равонак	[ravonak]
mandat (m) postal	пули фиристодашуда	[puli firistodaʃuda]
recevoir (vt)	гирифтан	[giriftan]
envoyer (vt)	ирсол кардан	[irsol kardan]
envoi (m)	ирсол	[irsol]
adresse (f)	адрес, унвон	[adres], [unvon]
code (m) postal	индекси почта	[indeksi potʃta]
expéditeur (m)	ирсолкунанда	[irsolkunanda]
destinataire (m)	гиранда	[giranda]
prénom (m)	ном	[nom]
nom (m) de famille	фамилия	[familija]
tarif (m)	таърифа	[ta'rifa]
normal (adj)	муқаррарӣ	[muqarrari:]
économique (adj)	камхарҷ	[kamxardʒ]
poids (m)	вазн	[vazn]
peser (~ les lettres)	баркашидан	[barkaʃidan]
enveloppe (f)	конверт	[konvert]
timbre (m)	марка	[marka]
timbrer (vt)	марка часпонидан	[marka tʃasponidan]

Le logement. La maison. Le foyer

61. La maison. L'électricité

électricité (f)	барк	[barq]
ampoule (f)	лампача, чароғча	[lampatʃa], [tʃaroʁtʃa]
interrupteur (m)	калидак	[kalidak]
plomb, fusible (m)	пробка	[probka]
fil (m) (~ électrique)	сим	[sim]
installation (f) électrique	сими барк	[simi barq]
compteur (m) électrique	хисобкунаки электрикӣ	[xisobkunaki ɛlektriki:]
relevé (m)	нишондод	[niʃondod]

62. La villa et le manoir

maison (f) de campagne	хонаи берун аз шаҳр	[xonai berun az ʃahr]
villa (f)	кӯшк, чорбоғ	[kœʃk], [tʃorboʁ]
aile (f) (~ ouest)	қанот	[qanot]
jardin (m)	боғ	[boʁ]
parc (m)	боғ	[boʁ]
serre (f) tropicale	гулхона	[gulxona]
s'occuper (~ du jardin)	нигоҳубин кардан	[nigohubin kardan]
piscine (f)	ҳавз	[havz]
salle (f) de gym	толори варзишӣ	[tolori varziʃi:]
court (m) de tennis	майдони теннис	[majdoni tennis]
salle (f) de cinéma	кинотеатр	[kinoteatr]
garage (m)	гараж	[garaʒ]
propriété (f) privée	мулки хусусӣ	[mulki xususi:]
terrain (m) privé	моликияти хусусӣ	[molikijati xususi:]
avertissement (m)	огоҳӣ	[ogohi:]
panneau d'avertissement	хати огоҳӣ	[xati ogohi:]
sécurité (f)	посбонӣ	[posboni:]
agent (m) de sécurité	посбон	[posbon]
alarme (f) antivol	сигналдиҳӣ	[signaldihi:]

63. L'appartement

appartement (m)	манзил	[manzil]
chambre (f)	хона, ӯток	[xona], [œtoq]
chambre (f) à coucher	хонаи хоб	[xonai xob]

salle (f) à manger	хонаи хӯрокхӯрӣ	[χonai χœrokχœri:]
salon (m)	меҳмонхона	[mehmonχona]
bureau (m)	утоқ	[utoq]
antichambre (f)	мадхал, даҳлез	[madχal], [dahlez]
salle (f) de bains	ваннахона	[vannaχona]
toilettes (f pl)	ҳоҷатхона	[hoʤatχona]
plafond (m)	шифт	[ʃift]
plancher (m)	фарш	[farʃ]
coin (m)	кунҷ	[kunʤ]

64. Les meubles. L'intérieur

meubles (m pl)	мебел	[mebel]
table (f)	миз	[miz]
chaise (f)	курсӣ	[kursi:]
lit (m)	кат	[kat]
canapé (m)	диван	[divan]
fauteuil (m)	курсӣ	[kursi:]
bibliothèque (f) (meuble)	ҷевони китобмонӣ	[ʤevoni kitobmoni:]
rayon (m)	раф, рафча	[raf], [raftʃa]
armoire (f)	ҷевони либос	[ʤevoni libos]
patère (f)	либосовезак	[libosovezak]
portemanteau (m)	либосовезак	[libosovezak]
commode (f)	ҷевон	[ʤevon]
table (f) basse	мизи қаҳва	[mizi qahva]
miroir (m)	оина	[oina]
tapis (m)	гилем, қолин	[gilem], [qolin]
petit tapis (m)	гилемча	[gilemtʃa]
cheminée (f)	оташдон	[otaʃdon]
bougie (f)	шамъ	[ʃam']
chandelier (m)	шамъдон	[ʃam'don]
rideaux (m pl)	парда	[parda]
papier (m) peint	зардеворӣ	[zardevori:]
jalousie (f)	жалюзи	[ʒaljuzi]
lampe (f) de table	чароғи мизӣ	[tʃaroʁi mizi:]
applique (f)	чароғак	[tʃaroʁak]
lampadaire (m)	торшер	[torʃer]
lustre (m)	қандил	[qandil]
pied (m) (~ de la table)	поя	[poja]
accoudoir (m)	оринҷмонаки курсӣ	[orinʤmonaki kursi:]
dossier (m)	пуштаки курсӣ	[puʃtaki kursi:]
tiroir (m)	ғаладон	[ʁaladon]

65. La literie

linge (m) de lit	чилдхои болишту бистар	[dʒildhoi boliʃtu bistar]
oreiller (m)	болишт	[boliʃt]
taie (f) d'oreiller	чилди болишт	[dʒildi boliʃt]
couverture (f)	кӯрпа	[kœrpa]
drap (m)	чойпӯш	[dʒojpœʃ]
couvre-lit (m)	болопӯш	[bolopœʃ]

66. La cuisine

cuisine (f)	ошхона	[oʃχona]
gaz (m)	газ	[gaz]
cuisinière (f) à gaz	плитаи газ	[plitai gaz]
cuisinière (f) électrique	плитаи электрикӣ	[plitai ɛlektriki:]
four (m) micro-ondes	микроволновка	[mikrovolnovka]
réfrigérateur (m)	яхдон	[jaχdon]
congélateur (m)	яхдон	[jaχdon]
lave-vaisselle (m)	мошини зарфшӯй	[moʃini zarfʃœj]
hachoir (m) à viande	мошини гӯштк̄ӯбӣ	[moʃini gœʃtkœbi:]
centrifugeuse (f)	шарбатафшурак	[ʃarbatafʃurak]
grille-pain (m)	тостер	[toster]
batteur (m)	миксер	[mikser]
machine (f) à café	қаҳвачӯшонак	[qahvadʒœʃonak]
cafetière (f)	зарфи қаҳвачӯшонӣ	[zarfi qahvadʒœʃoni:]
moulin (m) à café	дастоси қаҳва	[dastosi qahva]
bouilloire (f)	чойник	[tʃojnik]
théière (f)	чойник	[tʃojnik]
couvercle (m)	сарпӯш	[sarpœʃ]
passoire (f) à thé	ғалберча	[ʁalbertʃa]
cuillère (f)	қошуқ	[qoʃuq]
petite cuillère (f)	чойкошук	[tʃojkoʃuk]
cuillère (f) à soupe	қошуқи ошхӯрӣ	[qoʃuqi oʃχœri:]
fourchette (f)	чангча, чангол	[tʃangtʃa], [tʃangol]
couteau (m)	корд	[kord]
vaisselle (f)	табақ	[tabaq]
assiette (f)	тақсимча	[taqsimtʃa]
soucoupe (f)	тақсимӣ, тақсимича	[taqsimi:], [taqsimitʃa]
verre (m) à shot	рюмка	[rjumka]
verre (m) (~ d'eau)	стакан	[stakan]
tasse (f)	косача	[kosatʃa]
sucrier (m)	шакардон	[ʃakardon]
salière (f)	намакдон	[namakdon]
poivrière (f)	қаламфурдон	[qalamfurdon]
beurrier (m)	равғандон	[ravʁandon]

casserole (f)	дегча	[degtʃa]
poêle (f)	тоба	[toba]
louche (f)	кафлез, обгардон, сархумӣ	[kaflez], [obgardon], [sarχumi:]
plateau (m)	лаълӣ	[la'li:]
bouteille (f)	шиша, сурохӣ	[ʃiʃa], [surohi:]
bocal (m) (à conserves)	банкаи шишагӣ	[bankai ʃiʃagi:]
boîte (f) en fer-blanc	банкаи тунукагӣ	[bankai tunukagi:]
ouvre-bouteille (m)	саркушояк	[sarkuʃojak]
ouvre-boîte (m)	саркушояк	[sarkuʃojak]
tire-bouchon (m)	пӯккашак	[pœkkaʃak]
filtre (m)	филтр	[filtr]
filtrer (vt)	полоидан	[poloidan]
ordures (f pl)	ахлот	[aχlot]
poubelle (f)	сатили ахлот	[satili aχlot]

67. La salle de bains

salle (f) de bains	ваннахона	[vannaχona]
eau (f)	об	[ob]
robinet (m)	чуммак, мил	[dʒummak], [mil]
eau (f) chaude	оби гарм	[obi garm]
eau (f) froide	оби сард	[obi sard]
dentifrice (m)	хамираи дандон	[χamirai dandon]
se brosser les dents	дандон шустан	[dandon ʃustan]
brosse (f) à dents	чӯткаи дандоншӯӣ	[tʃœtkai dandonʃœi:]
se raser (vp)	риш гирифтан	[riʃ giriftan]
mousse (f) à raser	кафки ришгирӣ	[kafki riʃgiri:]
rasoir (m)	ришгирак	[riʃgirak]
laver (vt)	шустан	[ʃustan]
se laver (vp)	шустушӯ кардан	[ʃustuʃœ kardan]
prendre une douche	ба душ даромадан	[ba duʃ daromadan]
baignoire (f)	ванна	[vanna]
cuvette (f)	нишастгохи халочо	[niʃastgohi χalodʒo]
lavabo (m)	дастшӯяк	[dastʃœjak]
savon (m)	собун	[sobun]
porte-savon (m)	собундон	[sobundon]
éponge (f)	исфанч	[isfandʒ]
shampooing (m)	шампун	[ʃampun]
serviette (f)	сачоқ	[satʃoq]
peignoir (m) de bain	халат	[χalat]
lessive (f) (faire la ~)	чомашӯӣ	[dʒomaʃœi:]
machine (f) à laver	мошини чомашӯӣ	[moʃini dʒomaʃœi:]
faire la lessive	чомашӯӣ кардан	[dʒomaʃœi: kardan]
lessive (f) (poudre)	хокаи чомашӯӣ	[χokai dʒomaʃœi:]

68. Les appareils électroménagers

téléviseur (m)	телевизор	[televizor]
magnétophone (m)	магнитафон	[magnitafon]
magnétoscope (m)	видеомагнитафон	[videomagnitafon]
radio (f)	радио	[radio]
lecteur (m)	плеер	[pleer]
vidéoprojecteur (m)	видеопроектор	[videoproektor]
home cinéma (m)	кинотеатри хонагӣ	[kinoteatri χonagi:]
lecteur DVD (m)	DVD-монак	[εøε-monak]
amplificateur (m)	қувватафзо	[quvvatafzo]
console (f) de jeux	плейстейшн	[plejstejʃn]
caméscope (m)	видеокамера	[videokamera]
appareil (m) photo	фотоаппарат	[fotoapparat]
appareil (m) photo numérique	суратгираки рақамӣ	[suratgiraki raqami:]
aspirateur (m)	чангкашак	[tʃangkaʃak]
fer (m) à repasser	дарзмол	[darzmol]
planche (f) à repasser	тахтаи дарзмолкунӣ	[taχtai darzmolkuni:]
téléphone (m)	телефон	[telefon]
portable (m)	телефони мобилӣ	[telefoni mobili:]
machine (f) à écrire	мошинаи хатнависӣ	[moʃinai χatnavisi:]
machine (f) à coudre	мошинаи чокдӯзӣ	[moʃinai tʃokdœzi:]
micro (m)	микрофон	[mikrofon]
écouteurs (m pl)	гӯшак, гӯшпӯшак	[gœʃak], [gœʃpœʃak]
télécommande (f)	пулт	[pult]
CD (m)	компакт-диск	[kompakt-disk]
cassette (f)	кассета	[kasseta]
disque (m) (vinyle)	пластинка	[plastinka]

LES ACTIVITÉS HUMAINS

Le travail. Les affaires. Partie 1

69. Le bureau. La vie de bureau

bureau (m) (établissement)	офис	[ofis]
bureau (m) (au travail)	утоқи кор	[utoqi kor]
accueil (m)	ресепшн	[resepʃn]
secrétaire (m, f)	котиб	[kotib]
directeur (m)	директор, мудир	[direktor], [mudir]
manager (m)	менечер	[menedʒer]
comptable (m)	бухгалтер	[buxʁalter]
collaborateur (m)	коркун	[korkun]
meubles (m pl)	мебел	[mebel]
bureau (m)	миз	[miz]
fauteuil (m)	курсӣ	[kursi:]
classeur (m) à tiroirs	чевонча	[dʒevontʃa]
portemanteau (m)	либосовезак	[libosovezak]
ordinateur (m)	компютер	[kompjuter]
imprimante (f)	принтер	[printer]
fax (m)	факс	[faks]
copieuse (f)	мошини нусхабардорӣ	[moʃini nusxabardori:]
papier (m)	қоғаз	[qoʁaz]
papeterie (f)	молҳои конселярӣ	[molhoi konseljari:]
tapis (m) de souris	гилемчаи муш	[gilemtʃai muʃ]
feuille (f)	варақ	[varaq]
classeur (m)	папка	[papka]
catalogue (m)	каталог	[katalog]
annuaire (m)	маълумотнома	[ma'lumotnoma]
documents (m pl)	ҳуҷҷатҳо	[hudʒdʒatho]
brochure (f)	рисола, китобча	[risola], [kitobtʃa]
prospectus (m)	варақа	[varaqa]
échantillon (m)	намуна	[namuna]
formation (f)	машқ	[maʃq]
réunion (f)	маҷлис	[madʒlis]
pause (f) déjeuner	танаффуси нисфирӯзӣ	[tanaffusi nisfirœzi:]
faire une copie	нусха бардоштан	[nusxa bardoʃtan]
faire des copies	бисёр кардан	[bisjor kardan]
recevoir un fax	факс гирифтан	[faks giriftan]
envoyer un fax	факс фиристодан	[faks firistodan]
téléphoner, appeler	занг задан	[zang zadan]

répondre (vi, vt)	ҷавоб додан	[dʒavob dodan]
passer (au téléphone)	алоқаманд кардан	[aloqamand kardan]
fixer (rendez-vous)	муайян кардан	[muajjan kardan]
montrer (un échantillon)	нишон додан	[niʃon dodan]
être absent	набудан	[nabudan]
absence (f)	набуд	[nabud]

70. Les processus d'affaires. Partie 1

affaire (f) (business)	кор, соҳибкорӣ	[kor], [sohibkori:]
métier (m)	кор	[kor]
firme (f), société (f)	фирма	[firma]
compagnie (f)	ширкат	[ʃirkat]
corporation (f)	корпоратсия	[korporatsija]
entreprise (f)	муассиса, корхона	[muassisa], [korχona]
agence (f)	агенти шӯъба	[agenti ʃœ'ba]
accord (m)	шартнома, созишнома	[ʃartnoma], [soziʃnoma]
contrat (m)	шартнома	[ʃartnoma]
marché (m) (accord)	харидуфурӯш	[χaridufurœʃ]
commande (f)	супориш	[suporiʃ]
terme (m) (~ du contrat)	шарт	[ʃart]
en gros (adv)	кӯтара	[kœtara]
en gros (adj)	кӯтара, яклухт	[kœtara], [jakluχt]
vente (f) en gros	яклухтфурӯшӣ	[jakluχtfurœʃi:]
au détail (adj)	чакана	[tʃakana]
vente (f) au détail	чаканафурӯшӣ	[tʃakanafurœʃi:]
concurrent (m)	рақиб	[raqib]
concurrence (f)	рақобат	[raqobat]
concurrencer (vt)	рақобат кардан	[raqobat kardan]
associé (m)	хариф	[harif]
partenariat (m)	харифӣ	[harifi:]
crise (f)	бӯҳрон	[bœhron]
faillite (f)	шикаст, муфлисӣ	[ʃikast], [muflisi:]
faire faillite	муфлис шудан	[muflis ʃudan]
difficulté (f)	душворӣ	[duʃvori:]
problème (m)	масъала	[mas'ala]
catastrophe (f)	шикаст	[ʃikast]
économie (f)	иқтисодиёт	[iqtisodijot]
économique (adj)	… и иқтисодӣ	[i iqtisodi:]
baisse (f) économique	таназзули иқтисодӣ	[tanazzuli iqtisodi:]
but (m)	мақсад	[maqsad]
objectif (m)	вазифа	[vazifa]
faire du commerce	савдо кардан	[savdo kardan]
réseau (m) (de distribution)	муассисаҳо	[muassisaho]

inventaire (m) (stocks)	анбор	[anbor]
assortiment (m)	навъҳои мол	[nav'hoi mol]
leader (m)	роҳбар	[rohbar]
grande (~ entreprise)	калон	[kalon]
monopole (m)	монополия, инҳисор	[monopolija], [inhisor]
théorie (f)	назария	[nazarija]
pratique (f)	тачриба, амалия	[tadʒriba], [amalija]
expérience (f)	тачриба	[tadʒriba]
tendance (f)	майл	[majl]
développement (m)	пешравй	[peʃravi:]

71. Les processus d'affaires. Partie 2

rentabilité (m)	фоида	[foida]
rentable (adj)	фоиданок	[foidanok]
délégation (f)	ҳайати вакилон	[hajati vakilon]
salaire (m)	музди меҳнат	[muzdi mehnat]
corriger (une erreur)	ислоҳ кардан	[isloh kardan]
voyage (m) d'affaires	командировка	[komandirovka]
commission (f)	комиссия	[komissija]
contrôler (vt)	назорат кардан	[nazorat kardan]
conférence (f)	конференсия	[konferensija]
licence (f)	чавознома	[dʒavoznoma]
fiable (partenaire ~)	боэътимод	[bɔɛ'timod]
initiative (f)	шурӯъ, ташаббус	[ʃurœ'], [taʃabbus]
norme (f)	норма	[norma]
circonstance (f)	ҳолат, маврид	[holat], [mavrid]
fonction (f)	вазифа	[vazifa]
entreprise (f)	созмон	[sozmon]
organisation (f)	ташкил	[taʃkil]
organisé (adj)	муташаккил	[mutaʃakkil]
annulation (f)	бекор кардани	[bekor kardani]
annuler (vt)	бекор кардан	[bekor kardan]
rapport (m)	ҳисоб, ҳисобот	[hisob], [hisobot]
brevet (m)	патент	[patent]
breveter (vt)	патент додан	[patent dodan]
planifier (vt)	нақша кашидан	[naqʃa kaʃidan]
prime (f)	чоиза	[dʒoiza]
professionnel (adj)	касаба	[kasaba]
procédure (f)	расму қоида	[rasmu qoida]
examiner (vt)	матраҳ кардан	[matrah kardan]
calcul (m)	муҳосиба	[muhosiba]
réputation (f)	шӯҳрат	[ʃœhrat]
risque (m)	хатар, таваккал	[xatar], [tavakkal]
diriger (~ une usine)	сардорӣ кардан	[sardori: kardan]

renseignements (m pl)	маълумот	[ma'lumot]
propriété (f)	моликият	[molikijat]
union (f)	иттиҳод	[ittihod]
assurance vie (f)	суғуртакунии ҳаёт	[suʁurtakuni:i hajɔt]
assurer (vt)	суғурта кардан	[suʁurta kardan]
assurance (f)	суғурта	[suʁurta]
enchères (f pl)	савдо, фурӯш	[savdo], [furœʃ]
notifier (informer)	огоҳ кардан	[ogoh kardan]
gestion (f)	идоракунӣ	[idorakuni:]
service (m)	хизмат	[χizmat]
forum (m)	маҷлис	[madʒlis]
fonctionner (vi)	ҳаракат кардан	[harakat kardan]
étape (f)	марҳала	[marhala]
juridique (services ~s)	ҳуқуқӣ, ... и ҳуқуқ	[huquqi:], [i huquq]
juriste (m)	ҳуқуқшинос	[huquqʃinos]

72. L'usine. La production

usine (f)	завод	[zavod]
fabrique (f)	фабрика	[fabrika]
atelier (m)	сех	[seχ]
site (m) de production	истеҳсолот	[istehsolot]
industrie (f)	саноат	[sanoat]
industriel (adj)	саноатӣ	[sanoati:]
industrie (f) lourde	саноати вазнин	[sanoati vaznin]
industrie (f) légère	саноати сабук	[sanoati sabuk]
produit (m)	тавлидот, маҳсул	[tavlidot], [mahsul]
produire (vt)	истеҳсол кардан	[istehsol kardan]
matières (f pl) premières	ашёи хом	[aʃjoi χom]
chef (m) d'équipe	сардори бригада	[sardori brigada]
équipe (f) d'ouvriers	бригада	[brigada]
ouvrier (m)	коргар	[korgar]
jour (m) ouvrable	рӯзи кор	[rœzi kor]
pause (f) (repos)	танаффус	[tanaffus]
réunion (f)	маҷлис	[madʒlis]
discuter (vt)	муҳокима кардан	[muhokima kardan]
plan (m)	нақша	[naqʃa]
accomplir le plan	иҷрои нақша	[idʒroi naqʃa]
norme (f) de production	нормаи кор	[normai kor]
qualité (f)	сифат	[sifat]
contrôle (m)	назорат	[nazorat]
contrôle (m) qualité	назорати сифат	[nazorati sifat]
sécurité (f) de travail	беҳатарии меҳнат	[beχatari:i mehnat]
discipline (f)	низом	[nizom]
infraction (f)	вайронкунӣ	[vajronkuni:]

violer (les règles)	вайрон кардан	[vajron kardan]
grève (f)	корпартоӣ	[korpartoi:]
gréviste (m)	корпарто	[korparto]
faire grève	корпартоӣ кардан	[korpartoi: kardan]
syndicat (m)	ташкилоти касабавӣ	[taʃkiloti kasabavi:]
inventer (machine, etc.)	ихтироъ кардан	[ixtiro' kardan]
invention (f)	ихтироъ	[ixtiro']
recherche (f)	таҳқиқ	[tahqiq]
améliorer (vt)	беҳтар кардан	[behtar kardan]
technologie (f)	технология	[texnologija]
dessin (m) technique	нақша, тарҳ	[naqʃa], [tarh]
charge (f) (~ de 3 tonnes)	бор	[bor]
chargeur (m)	борбардор	[borbardor]
charger (véhicule, etc.)	бор кардан	[bor kardan]
chargement (m)	бор кардан	[bor kardan]
décharger (vt)	борро фуровардан	[borro furovardan]
déchargement (m)	борфурорӣ	[borfurori:]
transport (m)	нақлиёт	[naqlijɔt]
compagnie (f) de transport	ширкати нақлиётӣ	[ʃirkati naqlijoti:]
transporter (vt)	кашондан	[kaʃondan]
wagon (m) de marchandise	вагони боркаш	[vagoni borkaʃ]
citerne (f)	систерна	[sisterna]
camion (m)	мошини боркаш	[moʃini borkaʃ]
machine-outil (f)	дастгоҳ	[dastgoh]
mécanisme (m)	механизм	[mexanizm]
déchets (m pl)	пасмондаҳо	[pasmondaho]
emballage (m)	печонда бастан	[petʃonda bastan]
emballer (vt)	печонда бастан	[petʃonda bastan]

73. Le contrat. L'accord

contrat (m)	шартнома	[ʃartnoma]
accord (m)	созишнома	[soziʃnoma]
annexe (f)	илова	[ilova]
signer un contrat	шартнома бастан	[ʃartnoma bastan]
signature (f)	имзо	[imzo]
signer (vt)	имзо кардан	[imzo kardan]
cachet (m)	мӯҳр	[mœhr]
objet (m) du contrat	мавзӯи шартнома	[mavzœi ʃartnoma]
clause (f)	модда	[modda]
côtés (m pl)	тарафҳо	[tarafho]
adresse (f) légale	нишонии ҳуқуқӣ	[niʃoni:i huquqi:]
violer l'accord	вайрон кардани шартнома	[vajron kardani ʃartnoma]
obligation (f)	вазифа, ӯҳдадорӣ	[vazifa], [œhdadori:]

responsabilité (f)	масъулият	[mas'ulijat]
force (f) majeure	форс-мажор	[fors-maʒor]
litige (m)	бахс	[bahs]
pénalités (f pl)	чаримаи шартномавӣ	[dʒarimai ʃartnomavi:]

74. L'importation. L'exportation

importation (f)	воридот	[voridot]
importateur (m)	воридгари мол	[voridgari mol]
importer (vt)	ворид кардан	[vorid kardan]
d'importation	... и воридот	[i voridot]
exportation (f)	содирот	[sodirot]
exportateur (m)	содиргар	[sodirgar]
exporter (vt)	содирот кардан	[sodirot kardan]
d'exportation (adj)	... и содирот	[i sodirot]
marchandise (f)	мол	[mol]
lot (m) de marchandises	як миқдор	[jak miqdor]
poids (m)	вазн	[vazn]
volume (m)	ҳачм	[hadʒm]
mètre (m) cube	метри кубӣ	[metri kubi:]
producteur (m)	истеҳолкунанда	[isteholkunanda]
compagnie (f) de transport	ширкати нақлиётӣ	[ʃirkati naqlijoti:]
container (m)	контейнер	[kontejner]
frontière (f)	сарҳад	[sarhad]
douane (f)	гумрукхона	[gumrukxona]
droit (m) de douane	хаққи гумрукӣ	[xaqqi gumruki:]
douanier (m)	гумрукчӣ	[gumruktʃi:]
contrebande (f) (trafic)	қочоқчигӣ	[qotʃoqtʃigi:]
contrebande (f)	қочоқ	[qotʃoq]

75. La finance

action (f)	саҳмия	[sahmija]
obligation (f)	облигасия	[obligasija]
lettre (f) de change	вексел	[veksel]
bourse (f)	биржа	[birʒa]
cours (m) d'actions	қурби саҳмия	[qurbi sahmija]
baisser (vi)	арзон шудан	[arzon ʃudan]
augmenter (vi) (prix)	қимат шудан	[qimat ʃudan]
part (f)	ҳақ, саҳм	[haq], [sahm]
participation (f) de contrôle	пакети контролӣ	[paketi kontroli:]
investissements (m pl)	маблағгузорӣ	[mablaʁtuzori:]
investir (vt)	гузоштан	[guzoʃtan]

pour-cent (m)	фоиз	[foiz]
intérêts (m pl)	фоизҳо	[foizho]
profit (m)	даромад, фоида	[daromad], [foida]
profitable (adj)	фоиданок	[foidanok]
impôt (m)	налог, андоз	[nalog], [andoz]
devise (f)	валюта асъор	[valjuta as'or]
national (adj)	миллӣ	[milli:]
échange (m)	мубодила, иваз	[mubodila], [ivaz]
comptable (m)	бухгалтер	[buxʁalter]
comptabilité (f)	бухгалтерия	[buxʁalterija]
faillite (f)	шикаст, муфлисӣ	[ʃikast], [muflisi:]
krach (m)	шикаст, ҳалокат	[ʃikast], [halokat]
ruine (f)	муфлисӣ	[muflisi:]
se ruiner (vp)	муфлис шудан	[muflis ʃudan]
inflation (f)	беқурбшавии пул	[bekurbʃavi:i pul]
dévaluation (f)	беқурбшавии пул	[bequrbʃavi:i pul]
capital (m)	капитал	[kapital]
revenu (m)	даромад	[daromad]
chiffre (m) d'affaires	гардиш	[gardiʃ]
ressources (f pl)	захира	[zaxira]
moyens (m pl) financiers	маблағи пулӣ	[mablaʁi puli:]
frais (m pl) généraux	харочоти иловагӣ	[xarodʒoti ilovagi:]
réduire (vt)	кам кардан	[kam kardan]

76. La commercialisation. Le marketing

marketing (m)	маркетинг	[marketing]
marché (m)	бозор	[bozor]
segment (m) du marché	сегменти бозор	[segmenti bozor]
produit (m)	мол, маҳсул	[mol], [mahsul]
marchandise (f)	мол	[mol]
marque (f) de fabrique	тамғаи савдо, бренд	[tamʁai savdo], [brend]
marque (f) déposée	тамға	[tamʁa]
logotype (m)	маркаи фирма	[markai firma]
logo (m)	логотип	[logotip]
demande (f)	талабот	[talabot]
offre (f)	таклиф	[taklif]
besoin (m)	ниёз, талабот	[nijɔz], [talabot]
consommateur (m)	истеъмолкунанда	[iste'molkunanda]
analyse (f)	таҳлил	[tahlil]
analyser (vt)	таҳлил кардан	[tahlil kardan]
positionnement (m)	мавқеъ гирифтан	[mavqe' giriftan]
positionner (vt)	мавқеъгирӣ	[mavqe'giri:]
prix (m)	нарх	[narx]
politique (f) des prix	сиёсати нархгузорӣ	[sijɔsati narxguzori:]
formation (f) des prix	нархгузорӣ	[narxguzori:]

77. La publicité

publicité (f), pub (f)	реклама	[reklama]
faire de la publicité	эълон кардан	[ɛ'lon kardan]
budget (m)	бучет	[budʒet]
annonce (f), pub (f)	реклама, эълон	[reklama], [ɛ'lon]
publicité (f) à la télévision	телереклама	[telereklama]
publicité (f) à la radio	реклама дар радио	[reklama dar radio]
publicité (f) extérieure	рекламаи беруна	[reklamai beruna]
mass média (m pl)	васоити ахбор	[vasoiti axbor]
périodique (m)	нашрияи даврӣ	[naʃrijai davri:]
image (f)	имидж	[imidʒ]
slogan (m)	шиор	[ʃior]
devise (f)	шиор	[ʃior]
campagne (f)	маърака	[ma'raka]
campagne (f) publicitaire	маърака реклама	[ma'raka reklama]
public (m) cible	гурӯҳи одамони ба мақсад чавобгӯ	[gurœhi odamoni ba maqsad dʒavobgœ]
carte (f) de visite	варакаи боздид	[varakai bozdid]
prospectus (m)	варақа	[varaqa]
brochure (f)	рисола, китобча	[risola], [kitobtʃa]
dépliant (m)	буклет	[buklet]
bulletin (m)	бюллетен	[bjulleten]
enseigne (f)	лавҳа	[lavha]
poster (m)	плакат	[plakat]
panneau-réclame (m)	лавҳаи эълонҳо	[lavhai ɛ'lonho]

78. Les opérations bancaires

banque (f)	банк	[bank]
agence (f) bancaire	шӯъба	[ʃœ'ba]
conseiller (m)	мушовир	[muʃovir]
gérant (m)	идоракунанда	[idorakunanda]
compte (m)	ҳисоб	[hisob]
numéro (m) du compte	рақами суратҳисоб	[raqami surathisob]
compte (m) courant	ҳисоби чорӣ	[hisobi dʒori:]
compte (m) sur livret	суратҳисоби чамъшаванда	[surathisobi dʒam'ʃavanda]
ouvrir un compte	суратҳисоб кушодан	[surathisob kuʃodan]
clôturer le compte	бастани суратҳисоб	[bastani surathisob]
verser dans le compte	ба суратҳисоб гузарондан	[ba surathisob guzarondan]
retirer du compte	аз суратҳисоб гирифтан	[az surathisob giriftan]
dépôt (m)	амонат	[amonat]
faire un dépôt	маблағ гузоштан	[mablaʁ guzoʃtan]

virement (m) bancaire	интиқоли маблағ	[intiqoli mablaʁ]
faire un transfert	интиқол додан	[intiqol dodan]
somme (f)	маблағ	[mablaʁ]
Combien?	Чӣ қадар?	[tʃi: qadar]
signature (f)	имзо	[imzo]
signer (vt)	имзо кардан	[imzo kardan]
carte (f) de crédit	корти кредитӣ	[korti krediti:]
code (m)	рамз, код	[ramz], [kod]
numéro (m) de carte de crédit	рақами корти кредитӣ	[raqami korti krediti:]
distributeur (m)	банкомат	[bankomat]
chèque (m)	чек	[tʃek]
faire un chèque	чек навиштан	[tʃek naviʃtan]
chéquier (m)	дафтарчаи чек	[daftartʃai tʃek]
crédit (m)	қарз	[qarz]
demander un crédit	барои кредит муроҷиат кардан	[baroi kredit murodʒiat kardan]
prendre un crédit	кредит гирифтан	[kredit giriftan]
accorder un crédit	кредит додан	[kredit dodan]
gage (m)	кафолат, замонат	[kafolat], [zamonat]

79. Le téléphone. La conversation téléphonique

téléphone (m)	телефон	[telefon]
portable (m)	телефони мобилӣ	[telefoni mobili:]
répondeur (m)	худчавобгӯ	[χuddʒavobgœ]
téléphoner, appeler	телефон кардан	[telefon kardan]
appel (m)	занг	[zang]
composer le numéro	гирифтани рақамҳо	[giriftani raqamho]
Allô!	алло, ҳа	[allo], [ha]
demander (~ l'heure)	пурсидан	[pursidan]
répondre (vi, vt)	ҷавоб додан	[dʒavob dodan]
entendre (bruit, etc.)	шунидан	[ʃunidan]
bien (adv)	хуб, нағз	[χub], [naʁz]
mal (adv)	бад	[bad]
bruits (m pl)	садоҳои бегона	[sadohoi begona]
récepteur (m)	гӯшак	[gi:ʃak]
décrocher (vt)	бардоштани гӯшак	[bardoʃtani gœʃak]
raccrocher (vi)	мондани гӯшак	[mondani gœʃak]
occupé (adj)	банд	[band]
sonner (vi)	занг задан	[zang zadan]
carnet (m) de téléphone	китоби телефон	[kitobi telefon]
local (adj)	маҳаллӣ	[mahalli:]
appel (m) local	занги маҳаллӣ	[zangi mahalli:]

interurbain (adj)	байнишаҳрӣ	[bajniʃahri:]
appel (m) interurbain	занги байнишаҳрӣ	[zangi bajniʃahri:]
international (adj)	байналхалқӣ	[bajnalχalqi:]

80. Le téléphone portable

portable (m)	телефони мобилӣ	[telefoni mobili:]
écran (m)	дисплей	[displej]
bouton (m)	тугмача	[tugmatʃa]
carte SIM (f)	сим-корт	[sim-kort]
pile (f)	батарея	[batareja]
être déchargé	бе заряд шудан	[be zarjad ʃudan]
chargeur (m)	асбоби барқпуркунанда	[asbobi barqpurkunanda]
menu (m)	меню	[menju]
réglages (m pl)	соз кардан	[soz kardan]
mélodie (f)	оҳанг	[ohang]
sélectionner (vt)	интихоб кардан	[intiχob kardan]
calculatrice (f)	ҳисобкунак	[hisobkunak]
répondeur (m)	худҷавобгӯ	[χudʤavobgœ]
réveil (m)	соати рӯимизии зангдор	[soati rœimizi:i zangdor]
contacts (m pl)	китоби телефон	[kitobi telefon]
SMS (m)	СМС-хабар	[sms-χabar]
abonné (m)	муштарӣ	[muʃtari:]

81. La papeterie

stylo (m) à bille	ручкаи саққочадор	[rutʃkai saqqotʃador]
stylo (m) à plume	парқалам	[parqalam]
crayon (m)	қалам	[qalam]
marqueur (m)	маркер	[marker]
feutre (m)	фломастер	[flomaster]
bloc-notes (m)	блокнот, дафтари ёддошт	[bloknot], [daftari joddoʃt]
agenda (m)	рӯзнома	[rœznoma]
règle (f)	чадвал	[ʤadval]
calculatrice (f)	ҳисобкунак	[hisobkunak]
gomme (f)	ластик	[lastik]
punaise (f)	кнопка	[knopka]
trombone (m)	скрепка	[skrepka]
colle (f)	елим, шилм	[elim], [ʃilm]
agrafeuse (f)	степлер	[stepler]
taille-crayon (m)	чарх	[tʃarχ]

82. Les types d'activités économiques

services (m pl) comptables	хизмати муҳосиб	[χizmati muhosib]
publicité (f), pub (f)	реклама	[reklama]
agence (f) publicitaire	умури реклама	[umuri reklama]
climatisation (m)	кондитсионерҳо	[konditsionerho]
compagnie (f) aérienne	ширкати ҳавопаймой	[ʃirkati havopajmoi:]
boissons (f pl) alcoolisées	машруботи спиртдор	[maʃruboti spirtdor]
antiquités (f pl)	атиқафурӯшӣ	[atiqafurœʃi:]
galerie (f) d'art	нигористон	[nigoriston]
services (m pl) d'audition	хизмати аудиторӣ	[χizmati auditori:]
banques (f pl)	бизнеси бонкӣ	[biznesi bonki:]
bar (m)	бар	[bar]
salon (m) de beauté	кошонаи ҳусн	[koʃonai husn]
librairie (f)	мағозаи китоб	[maʁozai kitob]
brasserie (f) (fabrique)	корхонаи пивопазӣ	[korχonai pivopazi:]
centre (m) d'affaires	маркази бизнес	[markazi biznes]
école (f) de commerce	мактаби бизнес	[maktabi biznes]
casino (m)	казино	[kazino]
bâtiment (m)	сохтумон	[soχtumon]
conseil (m)	консалтинг	[konsalting]
dentistes (pl)	дандонпизишкӣ	[dandonpiziʃki:]
design (m)	дизайн, зебосозй	[dizajn], [zebosozi:]
pharmacie (f)	дорухона	[doruχona]
pressing (m)	козургарии химиявӣ	[kozurgari:i χimijavi:]
agence (f) de recrutement	шӯъбаи кадрҳо	[ʃœ'bai kadrho]
service (m) financier	хизмати молиявӣ	[χizmati molijavi:]
produits (m pl) alimentaires	озуқаворӣ	[ozuqavori:]
maison (f) funéraire	бюрои дафнкунӣ	[bjuroi dafnkuni:]
meubles (m pl)	мебел	[mebel]
vêtement (m)	либос	[libos]
hôtel (m)	меҳмонхона	[mehmonχona]
glace (f)	яхмос	[jaχmos]
industrie (f)	саноат	[sanoat]
assurance (f)	суғуртакунӣ	[suʁurtakuni:]
Internet (m)	интернет	[internet]
investissements (m pl)	маблағгузорӣ	[mablaʁtuzori:]
bijoutier (m)	ҷавҳарӣ	[dʒavhari:]
bijouterie (f)	ҷавоҳирот	[dʒavohirot]
blanchisserie (f)	ҷомашӯйхона	[dʒomaʃœjχona]
service (m) juridique	ёрии хуқуқӣ	[jori:i huquqi:]
industrie (f) légère	саноати сабук	[sanoati sabuk]
revue (f)	маҷалла	[madʒalla]
vente (f) par catalogue	савдо аз рӯи рӯйхат	[savdo az rœi rœjχat]
médecine (f)	тиб	[tib]
cinéma (m)	кинотеатр	[kinoteatr]
musée (m)	осорхона	[osorχona]

agence (f) d'information	оҷонсии хабарӣ	[odʒonsi:i χabari:]
journal (m)	рӯзнома	[rœznoma]
boîte (f) de nuit	клуби шабона	[klubi ʃabona]
pétrole (m)	нефт	[neft]
coursiers (m pl)	шӯъбаи хаткашонӣ	[ʃœ'bai χatkaʃoni:]
industrie (f) pharmaceutique	дорусозӣ	[dorusozi:]
imprimerie (f)	чопхона	[tʃopχona]
maison (f) d'édition	нашриёт	[naʃrijɔt]
radio (f)	радио	[radio]
immobilier (m)	мулки ғайриманкул	[mulki ʁajrimankul]
restaurant (m)	тарабхона	[tarabχona]
agence (f) de sécurité	оҷонсии посбонӣ	[odʒonsi:i posboni:]
sport (m)	варзиш	[varziʃ]
bourse (f)	биржа	[birʒa]
magasin (m)	магазин	[magazin]
supermarché (m)	супермаркет	[supermarket]
piscine (f)	ҳавз	[havz]
atelier (m) de couture	ателе, коргоҳ	[atele], [korgoh]
télévision (f)	телевизион	[televizion]
théâtre (m)	театр	[teatr]
commerce (m)	савдо	[savdo]
sociétés de transport	кашондан	[kaʃondan]
tourisme (m)	туризм, саёхат	[turizm], [sajɔχat]
vétérinaire (m)	духтури ҳайвонот	[duχturi hajvonot]
entrepôt (m)	анбор	[anbor]
récupération (f) des déchets	баровардани партов	[barovardani partov]

Le travail. Les affaires. Partie 2

83. Les foires et les salons

salon (m)	намоишгоҳ	[namoiʃgoh]
salon (m) commercial	намоишгоҳи тиҷоратӣ	[namoiʃgohi tidʒorati:]
participation (f)	иштирок	[iʃtirok]
participer à …	иштирок кардан	[iʃtirok kardan]
participant (m)	иштирокчӣ	[iʃtiroktʃi:]
directeur (m)	директор, мудир	[direktor], [mudir]
direction (f)	кумитаи ташкилкунанда	[kumitai taʃkilkunanda]
organisateur (m)	ташкилотчӣ	[taʃkilottʃi:]
organiser (vt)	ташкил кардан	[taʃkil kardan]
demande (f) de participation	ариза барои иштирок	[ariza baroi iʃtirok]
remplir (vt)	пур кардан	[pur kardan]
détails (m pl)	ҷузъиёт	[dʒuz'ijɔt]
information (f)	ахборот	[axborot]
prix (m)	нарх	[narx]
y compris	дохил карда	[doxil karda]
inclure (~ les taxes)	дохил кардан	[doxil kardan]
payer (régler)	пул додан	[pul dodan]
droits (m pl) d'inscription	пардохти бақайдгирӣ	[pardoxti baqajdgiri:]
entrée (f)	даромад	[daromad]
pavillon (m)	намоишгоҳ	[namoiʃgoh]
enregistrer (vt)	қайд кардан	[qajd kardan]
badge (m)	бэҷ	[bɛdʒ]
stand (m)	лавҳаи намоиш	[lavhai namoiʃi:]
réserver (vt)	нигоҳ доштан	[nigoh doʃtan]
vitrine (f)	витрина	[vitrina]
lampe (f)	чароғ	[tʃaroʁ]
design (m)	дизайн, зебосозӣ	[dizajn], [zebosozi:]
mettre (placer)	ҷойгир кардан	[dʒojgir kardan]
être placé	ҷойгир шудан	[dʒojgir ʃudan]
distributeur (m)	дистрибьютор	[distribjutor]
fournisseur (m)	таъминкунанда	[ta'minkunanda]
fournir (vt)	таъмин кардан	[ta'min kardan]
pays (m)	кишвар	[kiʃvar]
étranger (adj)	хориҷӣ	[xoridʒi:]
produit (m)	мол, маҳсул	[mol], [mahsul]
association (f)	ассотсиатсия	[assotsiatsija]
salle (f) de conférences	маҷлисгоҳ	[madʒlisgoh]

congrès (m)	конгресс, анчуман	[kongress], [andʒuman]
concours (m)	конкурс	[konkurs]
visiteur (m)	тамошобин	[tamoʃobin]
visiter (vt)	ба меҳмонӣ рафтан	[ba mehmoni: raftan]
client (m)	супоришдиҳанда	[suporiʃdihanda]

84. La recherche scientifique et les chercheurs

science (f)	фан, илм	[fan], [ilm]
scientifique (adj)	илмӣ, фаннӣ	[ilmi:], [fanni:]
savant (m)	олим	[olim]
théorie (f)	назария	[nazarija]
axiome (m)	аксиома	[aksioma]
analyse (f)	таҳлил	[tahlil]
analyser (vt)	таҳлил кардан	[tahlil kardan]
argument (m)	далел, бурҳон	[dalel], [burhon]
substance (f) (matière)	модда	[modda]
hypothèse (f)	гипотеза, фарзия	[gipoteza], [farzija]
dilemme (m)	дилемма	[dilemma]
thèse (f)	рисола	[risola]
dogme (m)	догма	[dogma]
doctrine (f)	доктрина	[doktrina]
recherche (f)	таҳқиқ	[tahqiq]
rechercher (vt)	таҳқиқ кардан	[tahqiq kardan]
test (m)	назорат	[nazorat]
laboratoire (m)	лаборатория	[laboratorija]
méthode (f)	метод	[metod]
molécule (f)	молекула	[molekula]
monitoring (m)	мониторинг	[monitorinq]
découverte (f)	кашф, ихтироъ	[kaʃf], [ixtiro']
postulat (m)	постулат	[postulat]
principe (m)	принсип	[prinsip]
prévision (f)	пешгӯӣ	[peʃgœi:]
prévoir (vt)	пешгӯӣ кардан	[peʃgœi: kardan]
synthèse (f)	синтез	[sintez]
tendance (f)	майл	[majl]
théorème (m)	теорема	[teorema]
enseignements (m pl)	таълимот	[ta'limot]
fait (m)	факт	[fakt]
expédition (f)	экспедитсия	[ɛkspeditsija]
expérience (f)	таҷриба, санҷиш	[tadʒriba], [sandʒiʃ]
académicien (m)	академик	[akademik]
bachelier (m)	бакалавр	[bakalavr]
docteur (m)	духтур, табиб	[duxtur], [tabib]
chargé (m) de cours	дотсент	[dotsent]

magistère (m) **магистр** [magistr]
professeur (m) **профессор** [professor]

Les professions. Les métiers

85. La recherche d'emploi. Le licenciement

travail (m)	кор	[kor]
employés (pl)	кадрҳо	[kadrho]
personnel (m)	ҳайат	[hajat]
carrière (f)	пешравй дар мансаб	[peʃravi: dar mansab]
perspective (f)	дурнамо	[durnamo]
maîtrise (f)	ҳунар	[hunar]
sélection (f)	интихоб	[intiχob]
agence (f) de recrutement	шӯъбаи кадрҳо	[ʃœ'bai kadrho]
C.V. (m)	резюме, сивй	[rezjume], [sivi:]
entretien (m)	сӯҳбат	[sœhbat]
emploi (m) vacant	вазифаи холй	[vazifai χoli:]
salaire (m)	музди меҳнат	[muzdi mehnat]
salaire (m) fixe	моҳона	[mohona]
rémunération (f)	ҳақдиҳй	[haqdihi:]
poste (m) (~ évolutif)	вазифа	[vazifa]
fonction (f)	вазифа	[vazifa]
liste (f) des fonctions	ҳудуди вазифа	[hududi vazifa]
occupé (adj)	серкор	[serkor]
licencier (vt)	озод кардан	[ozod kardan]
licenciement (m)	аз кор холй шудан	[az kor χoli: ʃudan]
chômage (m)	бекорй	[bekori:]
chômeur (m)	бекор	[bekor]
retraite (f)	нафақа	[nafaqa]
prendre sa retraite	ба нафақа баромадан	[ba nafaqa baromadan]

86. Les hommes d'affaires

directeur (m)	директор, мудир	[direktor], [mudir]
gérant (m)	идоракунанда	[idorakunanda]
patron (m)	роҳбар, сардор	[rohbar], [sardor]
supérieur (m)	сардор	[sardor]
supérieurs (m pl)	сардорон	[sardoron]
président (m)	президент	[prezident]
président (m) (d'entreprise)	раис	[rais]
adjoint (m)	ҷонишин	[dʒoniʃin]
assistant (m)	ёвар	[jovar]

secrétaire (m, f)	котиб	[kotib]
secrétaire (m, f) personnel	котиби шахсӣ	[kotibi ʃaχsi:]

homme (m) d'affaires	корчаллон	[kortʃallon]
entrepreneur (m)	соҳибкор	[sohibkor]
fondateur (m)	таъсис	[ta'sis]
fonder (vt)	таъсис кардан	[ta'sis kardan]

fondateur (m)	муассис	[muassis]
partenaire (m)	шарик	[ʃarik]
actionnaire (m)	саҳмиядор	[sahmijador]

millionnaire (m)	миллионер	[millioner]
milliardaire (m)	миллиардер	[milliarder]
propriétaire (m)	соҳиб	[sohib]
propriétaire (m) foncier	заминдор	[zamindor]

client (m)	мизоч, муштарӣ	[mizodʒ], [muʃtari:]
client (m) régulier	мизочи доимӣ	[mizodʒi doimi:]
acheteur (m)	харидор, муштарӣ	[χaridor], [muʃtari:]
visiteur (m)	тамошобин	[tamoʃobin]

professionnel (m)	усто, устод	[usto], [ustod]
expert (m)	мумайиз	[mumajiz]
spécialiste (m)	мутахассис	[mutaχassis]

banquier (m)	соҳиби банк	[sohibi bank]
courtier (m)	брокер	[broker]

caissier (m)	кассир	[kassir]
comptable (m)	бухгалтер	[buχʁalter]
agent (m) de sécurité	посбон	[posbon]

investisseur (m)	маблағгузоранда	[mablaʁguzoranda]
débiteur (m)	қарздор	[qarzdor]
créancier (m)	қарздиханда	[qarzdihanda]
emprunteur (m)	вомгир	[vomgir]

importateur (m)	воридгари мол	[voridgari mol]
exportateur (m)	содиргар	[sodirgar]

producteur (m)	истеҳолкунанда	[isteholkunanda]
distributeur (m)	дистрибютор	[distribjutor]
intermédiaire (m)	даллол	[dallol]

conseiller (m)	мушовир	[muʃovir]
représentant (m)	намоянда	[namojanda]
agent (m)	агент	[agent]
agent (m) d'assurances	идораи суғурта	[idorai suʁurta]

87. Les métiers des services

cuisinier (m)	ошпаз	[oʃpaz]
cuisinier (m) en chef	сарошпаз	[saroʃpaz]

boulanger (m)	нонвой	[nonvoj]
barman (m)	бармен	[barmen]
serveur (m)	пешхизмат	[peʃxizmat]
serveuse (f)	пешхизмат	[peʃxizmat]
avocat (m)	адвокат, ҳимоягар	[advokat], [himojagar]
juriste (m)	ҳуқуқшинос	[huquqʃinos]
notaire (m)	нотариус	[notarius]
électricien (m)	барқчӣ	[barqtʃi:]
plombier (m)	сантехник	[santexnik]
charpentier (m)	дуредгар	[duredgar]
masseur (m)	масҳгар	[mashgar]
masseuse (f)	маҳсгарзан	[mahsgarzan]
médecin (m)	духтур	[duxtur]
chauffeur (m) de taxi	таксичӣ	[taksitʃi:]
chauffeur (m)	рононда	[ronanda]
livreur (m)	хаткашон	[xatkaʃon]
femme (f) de chambre	пешхизмат	[peʃxizmat]
agent (m) de sécurité	посбон	[posbon]
hôtesse (f) de l'air	стюардесса	[stjuardessa]
professeur (m)	муаллим	[muallim]
bibliothécaire (m)	китобдор	[kitobdor]
traducteur (m)	тарҷумон	[tardʒumon]
interprète (m)	тарҷумон	[tardʒumon]
guide (m)	роҳбалад	[rohbalad]
coiffeur (m)	сартарош	[sartaroʃ]
facteur (m)	хаткашон	[xatkaʃon]
vendeur (m)	фурӯш	[furœʃ]
jardinier (m)	боғбон	[boubon]
serviteur (m)	хизматгор	[xizmatgor]
servante (f)	хизматгорзан	[xizmatgorzan]
femme (f) de ménage	фаррошзан	[farroʃzan]

88. Les professions militaires et leurs grades

soldat (m) (grade)	аскари қаторӣ	[askari qatori:]
sergent (m)	сержант	[serʒant]
lieutenant (m)	лейтенант	[lejtenant]
capitaine (m)	капитан	[kapitan]
commandant (m)	майор	[major]
colonel (m)	полковник	[polkovnik]
général (m)	генерал	[general]
maréchal (m)	маршал	[marʃal]
amiral (m)	адмирал	[admiral]
militaire (m)	ҳарбӣ, чангӣ	[harbi:], [tʃangi:]
soldat (m)	аскар	[askar]

officier (m)	афсар	[afsar]
commandant (m)	командир	[komandir]
garde-frontière (m)	сарҳадбон	[sarhadbon]
opérateur (m) radio	радиочӣ	[radiotʃi:]
éclaireur (m)	разведкачӣ	[razvedkatʃi:]
démineur (m)	сапёр	[sapjor]
tireur (m)	тирандоз	[tirandoz]
navigateur (m)	штурман	[ʃturman]

89. Les fonctionnaires. Les prêtres

roi (m)	шоҳ	[ʃoh]
reine (f)	малика	[malika]
prince (m)	шоҳзода	[ʃohzoda]
princesse (f)	шоҳдухтар	[ʃohduχtar]
tsar (m)	шоҳ	[ʃoh]
tsarine (f)	шоҳзан	[ʃohzan]
président (m)	президент	[prezident]
ministre (m)	вазир	[vazir]
premier ministre (m)	сарвазир	[sarvazir]
sénateur (m)	сенатор	[senator]
diplomate (m)	дипломат	[diplomat]
consul (m)	консул	[konsul]
ambassadeur (m)	сафир	[safir]
conseiller (m)	мушовир	[muʃovir]
fonctionnaire (m)	амалдор	[amaldor]
préfet (m)	префект	[prefekt]
maire (m)	мир	[mir]
juge (m)	довар	[dovar]
procureur (m)	прокурор, додситон	[prokuror], [dodsiton]
missionnaire (m)	миссионер, муballиғ	[missioner], [muballiʃ]
moine (m)	роҳиб	[rohib]
abbé (m)	аббат	[abbat]
rabbin (m)	раббӣ	[rabbi:]
vizir (m)	вазир	[vazir]
shah (m)	шоҳ	[ʃoh]
cheik (m)	шайх	[ʃajχ]

90. Les professions agricoles

apiculteur (m)	занбӯрпарвар	[zanbœrparvar]
berger (m)	подабон	[podabon]
agronome (m)	агроном	[agronom]

| éleveur (m) | чорводор | [tʃorvodor] |
| vétérinaire (m) | духтури ҳайвонот | [duχturi hajvonot] |

fermier (m)	фермер	[fermer]
vinificateur (m)	шаробсоз	[ʃarobsoz]
zoologiste (m)	зоолог	[zoolog]
cow-boy (m)	ковбой	[kovboj]

91. Les professions artistiques

| acteur (m) | ҳунарманд | [hunarmand] |
| actrice (f) | ҳунарманд | [hunarmand] |

| chanteur (m) | сурудхон, ҳофиз | [surudχon], [hofiz] |
| cantatrice (f) | сароянда | [sarojanda] |

| danseur (m) | рақкос | [raqqos] |
| danseuse (f) | рақкоса | [raqqosa] |

| artiste (m) | ҳунарманд | [hunarmand] |
| artiste (f) | ҳунарманд | [hunarmand] |

musicien (m)	мусиқачӣ	[musiqatʃi:]
pianiste (m)	пианинонавоз	[pianinonavoz]
guitariste (m)	гиторчӣ	[gitortʃi:]

chef (m) d'orchestre	дирижёр	[diriʒjor]
compositeur (m)	композитор, бастакор	[kompozitor], [bastakor]
imprésario (m)	импрессарио	[impressario]

metteur (m) en scène	коргардон	[korgardon]
producteur (m)	продюсер	[prodjuser]
scénariste (m)	муаллифи сенарий	[muallifi senarij]
critique (m)	мунаққид	[munaqqid]

écrivain (m)	нависанда	[navisanda]
poète (m)	шоир	[ʃoir]
sculpteur (m)	ҳайкалтарош	[hajkaltaroʃ]
peintre (m)	рассом	[rassom]

jongleur (m)	жонглёр	[ʒongljor]
clown (m)	масхарабоз	[masχaraboz]
acrobate (m)	дорбоз, акробат	[dorboz], [akrobat]
magicien (m)	найрангбоз	[najrangboz]

92. Les différents métiers

médecin (m)	духтур	[duχtur]
infirmière (f)	ҳамшираи тиббӣ	[hamʃirai tibbi:]
psychiatre (m)	равонпизишк	[ravonpiziʃk]
stomatologue (m)	дандонпизишк	[dandonpiziʃk]
chirurgien (m)	ҷаррох	[dʒarroh]

astronaute (m)	кайҳоннавард	[kajhonnavard]
astronome (m)	ситорашинос	[sitoraʃinos]
pilote (m)	лётчик	[ljottʃik]
chauffeur (m)	ронанда	[ronanda]
conducteur (m) de train	мошинист	[moʃinist]
mécanicien (m)	механик	[meχanik]
mineur (m)	конкан	[konkan]
ouvrier (m)	коргар	[korgar]
serrurier (m)	челонгар	[tʃelongar]
menuisier (m)	дуредгар, наччор	[duredgar], [nadʒdʒor]
tourneur (m)	харрот	[χarrot]
ouvrier (m) du bâtiment	бинокор	[binokor]
soudeur (m)	кафшергар	[kafʃergar]
professeur (m) (titre)	профессор	[professor]
architecte (m)	меъмор	[me'mor]
historien (m)	таърихдон	[ta'riχdon]
savant (m)	олим	[olim]
physicien (m)	физик	[fizik]
chimiste (m)	химик	[χimik]
archéologue (m)	археолог	[arχeolog]
géologue (m)	геолог	[geolog]
chercheur (m)	таҳқикотчӣ	[tahqikottʃi:]
baby-sitter (m, f)	бачабардор	[batʃabardor]
pédagogue (m, f)	муаллим	[muallim]
rédacteur (m)	муҳаррир	[muharrir]
rédacteur (m) en chef	сармуҳаррир	[sarmuharrir]
correspondant (m)	мухбир	[muχbir]
dactylographe (f)	мошинистка	[moʃinistka]
designer (m)	дизайнгар, зебосоз	[dizajngar], [zebosoz]
informaticien (m)	устои компютер	[ustoi kompjuter]
programmeur (m)	барномасоз	[barnomasoz]
ingénieur (m)	инженер	[inʒener]
marin (m)	баҳрчӣ	[bahrtʃi:]
matelot (m)	баҳрчӣ, маллоҳ	[bahrtʃi:], [malloh]
secouriste (m)	начотдиханда	[nadʒotdihanda]
pompier (m)	сӯхторхомӯшкун	[sœχtorχomœʃkun]
policier (m)	полис	[polis]
veilleur (m) de nuit	посбон	[posbon]
détective (m)	чустучӯкунанда	[dʒustudʒœkunanda]
douanier (m)	гумрукчӣ	[gumruktʃi:]
garde (m) du corps	муҳофиз	[muhofiz]
gardien (m) de prison	назоратчии ҳабсхона	[nazorattʃi:i habsχona]
inspecteur (m)	назоратчӣ	[nazorattʃi:]
sportif (m)	варзишгар	[varziʃgar]
entraîneur (m)	тренер	[trener]

boucher (m)	қассоб, гӯштфурӯш	[qassob], [gœʃtfurœʃ]
cordonnier (m)	мӯзадӯз	[mœzadœz]
commerçant (m)	савдогар, тоҷир	[savdogar], [toʤir]
chargeur (m)	борбардор	[borbardor]
couturier (m)	тарҳсоз	[tarhsoz]
modèle (f)	модел	[model]

93. Les occupations. Le statut social

écolier (m)	мактабхон	[maktabxon]
étudiant (m)	донишҷӯ	[doniʃʤœ]
philosophe (m)	файласуф	[fajlasuf]
économiste (m)	иқтисодчӣ	[iqtisodtʃi:]
inventeur (m)	ихтироъкор	[ixtiro'kor]
chômeur (m)	бекор	[bekor]
retraité (m)	нафақахӯр	[nafaqaxœr]
espion (m)	ҷосус	[ʤosus]
prisonnier (m)	маҳбус	[mahbus]
gréviste (m)	корпарто	[korparto]
bureaucrate (m)	бюрократ	[bjurokrat]
voyageur (m)	сайёх	[sajjox]
homosexuel (m)	гомосексуалист	[gomoseksualist]
hacker (m)	хакер	[xaker]
hippie (m, f)	хиппи	[xippi]
bandit (m)	роҳзан	[rohzan]
tueur (m) à gages	қотили зархарид	[qotili zarxarid]
drogué (m)	нашъаманд	[naʃ'amand]
trafiquant (m) de drogue	нашъачаллоб	[naʃ'aʤallob]
prostituée (f)	фоҳиша	[fohiʃa]
souteneur (m)	занҷаллоб	[zanʤallob]
sorcier (m)	ҷодугар	[ʤodugar]
sorcière (f)	занаки ҷодугар	[zanaki ʤodugar]
pirate (m)	роҳзани баҳрӣ	[rohzani bahri:]
esclave (m)	ғулом	[ʁulom]
samouraï (m)	самурай	[samuraj]
sauvage (m)	одами ваҳшӣ	[odami vahʃi:]

L'éducation

94. L'éducation

école (f)	мактаб	[maktab]
directeur (m) d'école	директори мактаб	[direktori maktab]
élève (m)	талаба	[talaba]
élève (f)	толиба	[toliba]
écolier (m)	мактабхон	[maktabxon]
écolière (f)	духтари мактабхон	[duxtari maktabxon]
enseigner (vt)	меомӯзонад	[meomœzonad]
apprendre (~ l'arabe)	омӯхтан	[omœxtan]
apprendre par cœur	аз ёд кардан	[az jod kardan]
apprendre (à faire qch)	омӯхтан	[omœxtan]
être étudiant, -e	дар мактаб хондан	[dar maktab xondan]
aller à l'école	ба мактаб рафтан	[ba maktab raftan]
alphabet (m)	алифбо	[alifbo]
matière (f)	фан	[fan]
salle (f) de classe	синф, дарсхона	[sinf], [darsxona]
leçon (f)	дарс	[dars]
récréation (f)	танаффус	[tanaffus]
sonnerie (f)	занг	[zang]
pupitre (m)	парта	[parta]
tableau (m) noir	тахтаи синф	[taxtai sinf]
note (f)	баҳо	[baho]
bonne note (f)	баҳои хуб	[bahoi xub]
mauvaise note (f)	баҳои бад	[bahoi bad]
donner une note	баҳо гузоштан	[baho guzoʃtan]
faute (f)	хато	[xato]
faire des fautes	хато кардан	[xato kardan]
corriger (une erreur)	ислоҳ кардан	[isloh kardan]
antisèche (f)	шпаргалка	[ʃpargalka]
devoir (m)	вазифаи хонагӣ	[vazifai xonagi:]
exercice (m)	машқ	[maʃq]
être présent	иштирок доштан	[iʃtirok doʃtan]
être absent	набудан	[nabudan]
manquer l'école	ба дарс нарафтан	[ba dars naraftan]
punir (vt)	ҷазо додан	[dʒazo dodan]
punition (f)	ҷазо	[dʒazo]
conduite (f)	рафтор	[raftor]

carnet (m) de notes	рӯзнома	[rœznoma]
crayon (m)	қалам	[qalam]
gomme (f)	ластик	[lastik]
craie (f)	бӯр	[bœr]
plumier (m)	қаламдон	[qalamdon]
cartable (m)	чузвкаш	[dʒuzvkaʃ]
stylo (m)	ручка	[rutʃka]
cahier (m)	дафтар	[daftar]
manuel (m)	китоби дарсӣ	[kitobi darsi:]
compas (m)	паргор	[pargor]
dessiner (~ un plan)	нақша кашидан	[naqʃa kaʃidan]
dessin (m) technique	нақша, тарх	[naqʃa], [tarh]
poésie (f)	шеър	[ʃe'r]
par cœur (adv)	аз ёд	[az jɔd]
apprendre par cœur	аз ёд кардан	[az jɔd kardan]
vacances (f pl)	таътил	[ta'til]
être en vacances	дар таътил будан	[dar ta'til budan]
passer les vacances	таътилро гузаронидан	[ta'tilro guzaronidan]
interrogation (f) écrite	кори санҷишӣ	[kori sandʒiʃi:]
composition (f)	иншо	[inʃo]
dictée (f)	диктант, имло	[diktant], [imlo]
examen (m)	имтиҳон	[imtihon]
passer les examens	имтиҳон супоридан	[imtihon suporidan]
expérience (f) (~ de chimie)	таҷриба, санҷиш	[tadʒriba], [sandʒiʃ]

95. L'enseignement supérieur

académie (f)	академия	[akademija]
université (f)	университет	[universitet]
faculté (f)	факулта	[fakulta]
étudiant (m)	донишҷӯ	[doniʃdʒœ]
étudiante (f)	донишҷӯ	[doniʃdʒœ]
enseignant (m)	устод	[ustod]
salle (f)	синф	[sinf]
licencié (m)	хатмкунанда	[χatmkunanda]
diplôme (m)	диплом	[diplom]
thèse (f)	рисола	[risola]
étude (f)	тадқиқот	[tadqiqot]
laboratoire (m)	лаборатория	[laboratorija]
cours (m)	лексия	[lekcija]
camarade (m) de cours	ҳамкурс	[hamkurs]
bourse (f)	стипендия	[stipendija]
grade (m) universitaire	унвони илмӣ	[unvoni ilmi:]

96. Les disciplines scientifiques

mathématiques (f pl)	математика	[matematika]
algèbre (f)	алгебра, алчабр	[algebra], [aldʒabr]
géométrie (f)	геометрия	[geometrija]
astronomie (f)	ситорашиносӣ	[sitoraʃinosi:]
biologie (f)	биология, илми хаёт	[biologija], [ilmi hajot]
géographie (f)	география	[geografija]
géologie (f)	геология	[geologija]
histoire (f)	таърих	[ta'rix]
médecine (f)	тиб	[tib]
pédagogie (f)	омӯзгорӣ	[omœzgori:]
droit (m)	хукук	[huquq]
physique (f)	физика	[fizika]
chimie (f)	химия	[ximija]
philosophie (f)	фалсафа	[falsafa]
psychologie (f)	равоншиносӣ	[ravonʃinosi:]

97. Le système d'écriture et l'orthographe

grammaire (f)	грамматика	[grammatika]
vocabulaire (m)	лексика	[leksika]
phonétique (f)	савтиёт	[savtijɔt]
nom (m)	исм	[ism]
adjectif (m)	сифат	[sifat]
verbe (m)	феъл	[fe'l]
adverbe (m)	зарф	[zarf]
pronom (m)	чонишин	[dʒoniʃin]
interjection (f)	нидо	[nido]
préposition (f)	пешоянд	[peʃojand]
racine (f)	решаи калима	[reʃai kalima]
terminaison (f)	бандак	[bandak]
préfixe (m)	префикс	[prefiks]
syllabe (f)	хичо	[hidʒo]
suffixe (m)	суффикс	[suffiks]
accent (m) tonique	зада	[zada]
apostrophe (f)	апостроф	[apostrof]
point (m)	нукта	[nuqta]
virgule (f)	вергул	[vergul]
point (m) virgule	нуктаву вергул	[nuqtavu vergul]
deux-points (m)	ду нукта	[du nuqta]
points (m pl) de suspension	бисёрнукта	[bisjɔrnuqta]
point (m) d'interrogation	аломати савол	[alomati savol]
point (m) d'exclamation	аломати хитоб	[alomati xitob]

guillemets (m pl)	нохунак	[noχunak]
entre guillemets	дар нохунак	[dar noχunak]
parenthèses (f pl)	қавсхо	[qavsho]
entre parenthèses	дар қавс	[dar qavs]
trait (m) d'union	нимтире	[nimtire]
tiret (m)	тире	[tire]
blanc (m)	масофа	[masofa]
lettre (f)	ҳарф	[harf]
majuscule (f)	ҳарфи калон	[harfi kalon]
voyelle (f)	садонок	[sadonok]
consonne (f)	овози ҳамсадо	[ovozi hamsado]
proposition (f)	ҷумла	[dʒumla]
sujet (m)	мубтадо	[mubtado]
prédicat (m)	хабар	[χabar]
ligne (f)	сатр, хат	[satr], [χat]
à la ligne	аз хати нав	[az χati nav]
paragraphe (m)	сарсатр	[sarsatr]
mot (m)	калима	[kalima]
groupe (m) de mots	ибора	[ibora]
expression (f)	ибора	[ibora]
synonyme (m)	муродиф	[murodif]
antonyme (m)	антоним	[antonim]
règle (f)	қоида	[qoida]
exception (f)	истисно	[istisno]
correct (adj)	дуруст	[durust]
conjugaison (f)	тасриф	[tasrif]
déclinaison (f)	тасриф	[tasrif]
cas (m)	ҳолат	[holat]
question (f)	савол	[savol]
souligner (vt)	хат кашидан	[χat kaʃidan]
pointillé (m)	қаторнуқта	[qatornuqta]

98. Les langues étrangères

langue (f)	забон	[zabon]
étranger (adj)	хориҷӣ	[χoridʒi:]
langue (f) étrangère	забони хориҷӣ	[zaboni χoridʒi:]
étudier (vt)	омӯхтан	[omœχtan]
apprendre (~ l'arabe)	омӯхтан	[omœχtan]
lire (vi, vt)	хондан	[χondan]
parler (vi, vt)	гап задан	[gap zadan]
comprendre (vt)	фаҳмидан	[fahmidan]
écrire (vt)	навиштан	[naviʃtan]
vite (adv)	босуръат	[bosur'at]
lentement (adv)	оҳиста	[ohista]

couramment (adv)	озодона	[ozodona]
règles (f pl)	қоидаҳо	[qoidaho]
grammaire (f)	грамматика	[grammatika]
vocabulaire (m)	лексика	[leksika]
phonétique (f)	савтиёт	[savtijɔt]

manuel (m)	китоби дарсӣ	[kitobi darsi:]
dictionnaire (m)	луғат	[luʁat]
manuel (m) autodidacte	худомӯз	[χudomœz]
guide (m) de conversation	сӯҳбатнома	[sœhbatnoma]

cassette (f)	кассета	[kasseta]
cassette (f) vidéo	видеокассета	[videokasseta]
CD (m)	CD, диски компактӣ	[ɔɛ], [diski kompakti:]
DVD (m)	DVD-диск	[ɛøɛ-disk]

alphabet (m)	алифбо	[alifbo]
épeler (vt)	ҳарфакӣ гап задан	[harfaki: gap zadan]
prononciation (f)	талаффуз	[talaffuz]

accent (m)	зада, аксент	[zada], [aksent]
avec un accent	бо аксент	[bo aksent]
sans accent	бе аксент	[be aksent]

| mot (m) | калима | [kalima] |
| sens (m) | маънӣ, маъно | [ma'ni:], [ma'no] |

cours (m pl)	курсҳо, дарсҳо	[kursho], [darsho]
s'inscrire (vp)	дохил шудан	[doχil ʃudan]
professeur (m) (~ d'anglais)	муаллим	[muallim]

traduction (f) (action)	тарчума	[tardʒuma]
traduction (f) (texte)	тарчума	[tardʒuma]
traducteur (m)	тарчумон	[tardʒumon]
interprète (m)	тарчумон	[tardʒumon]

| polyglotte (m) | забондон | [zabondon] |
| mémoire (f) | ҳофиза | [hofiza] |

Les loisirs. Les voyages

99. Les voyages. Les excursions

tourisme (m)	туризм, саёхат	[turizm], [sajɔχat]
touriste (m)	саёҳатчӣ	[sajɔhattʃi:]
voyage (m) (à l'étranger)	саёҳат	[sajɔhat]
aventure (f)	саргузашт	[sarguzaʃt]
voyage (m)	сафар	[safar]
vacances (f pl)	рухсатӣ	[ruχsati:]
être en vacances	дар рухсатӣ будан	[dar ruχsati: budan]
repos (m) (jours de ~)	истироҳат	[istirohat]
train (m)	поезд, қатор	[poezd], [qator]
en train	бо қатора	[bo qatora]
avion (m)	ҳавопаймо	[havopajmo]
en avion	бо ҳавопаймо	[bo havopajmo]
en voiture	бо мошин	[bo moʃin]
en bateau	бо киштӣ	[bo kiʃti:]
bagage (m)	бағоч, бор	[baʁodʒ], [bor]
malle (f)	чомадон	[dʒomadon]
chariot (m)	аробаи боғочкашӣ	[arobai boʁotʃkaʃi:]
passeport (m)	шиносномa	[ʃinosnoma]
visa (m)	виза	[viza]
ticket (m)	билет	[bilet]
billet (m) d'avion	чиптаи ҳавопаймо	[tʃiptai havopajmo]
guide (m) (livre)	роҳнома	[rohnoma]
carte (f)	харита	[χarita]
région (f) (~ rurale)	чой, маҳал	[dʒoj], [mahal]
endroit (m)	чой	[dʒoj]
exotisme (m)	ғароибот	[ʁaroibot]
exotique (adj)	... и ғароиб	[i ʁaroib]
étonnant (adj)	ҳайратангез	[hajratangez]
groupe (m)	гурӯҳ	[guroeh]
excursion (f)	экскурсия, саёҳат	[ɛkskursija], [sajɔhat]
guide (m) (personne)	роҳбари экскурсия	[rohbari ɛkskursija]

100. L'hôtel

hôtel (m)	меҳмонхона	[mehmonχona]
motel (m)	меҳмонхона	[mehmonχona]
3 étoiles	се ситорадор	[se sitorador]

5 étoiles	панҷ ситорадор	[pandʒ sitorador]
descendre (à l'hôtel)	фуромадан	[furomadan]
chambre (f)	хуҷра	[hudʒra]
chambre (f) simple	хуҷраи якнафара	[hudʒrai jaknafara]
chambre (f) double	хуҷраи дунафара	[hudʒrai dunafara]
réserver une chambre	банд кардани хуҷра	[band kardani hudʒra]
demi-pension (f)	бо нимтаъминот	[bo nimta'minot]
pension (f) complète	бо таъминоти пурра	[bo ta'minoti purra]
avec une salle de bain	ваннадор	[vannador]
avec une douche	душдор	[duʃdor]
télévision (f) par satellite	телевизиони спутникӣ	[televizioni sputniki:]
climatiseur (m)	кондитсионер	[konditsioner]
serviette (f)	сачоқ	[satʃoq]
clé (f)	калид	[kalid]
administrateur (m)	маъмур, мудир	[ma'mur], [mudir]
femme (f) de chambre	пешхизмат	[peʃxizmat]
porteur (m)	ҳаммол	[hammol]
portier (m)	дарбони меҳмонхона	[darboni mehmonxona]
restaurant (m)	тарабхона	[tarabxona]
bar (m)	бар	[bar]
petit déjeuner (m)	ноништа	[noniʃta]
dîner (m)	шом	[ʃom]
buffet (m)	мизи шведӣ	[mizi ʃvedi:]
hall (m)	миёнсарой	[mijɔnsaroj]
ascenseur (m)	лифт	[lift]
PRIÈRE DE NE PAS DÉRANGER	ХАЛАЛ НАРАСОНЕД	[xalal narasoned]
DÉFENSE DE FUMER	ТАМОКУ НАКАШЕД!	[tamoku nakaʃed]

LE MATÉRIEL TECHNIQUE. LES TRANSPORTS

Le matériel technique

101. L'informatique

ordinateur (m)	компютер	[kompjuter]
PC (m) portable	ноутбук	[noutbuk]
allumer (vt)	даргирондан	[dargirondan]
éteindre (vt)	куштан	[kuʃtan]
clavier (m)	клавиатура	[klaviatura]
touche (f)	тугмача	[tugmatʃa]
souris (f)	муш	[muʃ]
tapis (m) de souris	гилемчаи муш	[gilemtʃai muʃ]
bouton (m)	тугмача	[tugmatʃa]
curseur (m)	курсор	[kursor]
moniteur (m)	монитор	[monitor]
écran (m)	экран	[ɛkran]
disque (m) dur	диски сахт	[diski saxt]
capacité (f) du disque dur	ҳаҷми диски сахт	[hadʒmi diski saxt]
mémoire (f)	хофиза	[hofiza]
mémoire (f) vive	хотираи фаврӣ	[xotirai favri:]
fichier (m)	файл	[fajl]
dossier (m)	папка	[papka]
ouvrir (vt)	кушодан	[kuʃodan]
fermer (vt)	пӯшидан, бастан	[pœʃidan], [bastan]
sauvegarder (vt)	нигоҳ доштан	[nigoh doʃtan]
supprimer (vt)	нобуд кардан	[nobud kardan]
copier (vt)	нусха бардоштан	[nusxa bardoʃtan]
trier (vt)	ба хелҳо чудо кардан	[ba xelho dʒudo kardan]
copier (vt)	аз нав навиштан	[az nav naviʃtan]
programme (m)	барнома	[barnoma]
logiciel (m)	барномаи таъминотӣ	[barnomai ta'minoti:]
programmeur (m)	барномасоз	[barnomasoz]
programmer (vt)	барномасозӣ кардан	[barnomasozi: kardan]
hacker (m)	хакер	[xaker]
mot (m) de passe	рамз	[ramz]
virus (m)	вирус	[virus]
découvrir (détecter)	кашф кардан	[kaʃf kardan]
bit (m)	байт	[bajt]

mégabit (m)	мегабайт	[megabajt]
données (f pl)	маълумот	[ma'lumot]
base (f) de données	манбаи маълумот	[manbai ma'lumot]
câble (m)	кабел	[kabel]
déconnecter (vt)	чудо кардан	[dʒudo kardan]
connecter (vt)	васл кардан	[vasl kardan]

102. L'Internet. Le courrier électronique

Internet (m)	интернет	[internet]
navigateur (m)	браузер	[brauzer]
moteur (m) de recherche	манбаи чустучӯкунанда	[manbai dʒustudʒœkunanda]
fournisseur (m) d'accès	провайдер	[provajder]
administrateur (m) de site	веб-мастер	[veb-master]
site (m) web	веб-сомона	[veb-somona]
page (f) web	веб-сахифа	[veb-sahifa]
adresse (f)	адрес, унвон	[adres], [unvon]
carnet (m) d'adresses	дафтари адресхо	[daftari adresho]
boîte (f) de réception	куттии почта	[qutti:i potʃta]
courrier (m)	почта	[potʃta]
pleine (adj)	пур	[pur]
message (m)	хабар	[xabar]
messages (pl) entrants	хабари дароянда	[xabari darojanda]
messages (pl) sortants	хабари бароянда	[xabari barojanda]
expéditeur (m)	ирсолкунанда	[irsolkunanda]
envoyer (vt)	ирсол кардан	[irsol kardan]
envoi (m)	ирсол	[irsol]
destinataire (m)	гиранда	[giranda]
recevoir (vt)	гирифтан	[giriftan]
correspondance (f)	мукотиба	[mukotiba]
être en correspondance	мукотиба доштан	[mukotiba doʃtan]
fichier (m)	файл	[fajl]
télécharger (vt)	нусха бардоштан	[nusxa bardoʃtan]
créer (vt)	сохтан	[soxtan]
supprimer (vt)	нобуд кардан	[nobud kardan]
supprimé (adj)	нобудшуда	[nobudʃuda]
connexion (f) (ADSL, etc.)	алока	[aloqa]
vitesse (f)	суръат	[sur'at]
modem (m)	модем	[modem]
accès (m)	даромадан	[daromadan]
port (m)	порт	[port]
connexion (f) (établir la ~)	пайвастан	[pajvastan]
se connecter à ...	пайваст шудан	[pajvast ʃudan]

| sélectionner (vt) | интихоб кардан | [intiχob kardan] |
| rechercher (vt) | чустан | [dʒustan] |

103. L'électricité

électricité (f)	барқ	[barq]
électrique (adj)	барқӣ	[barqi:]
centrale (f) électrique	стансияи барқӣ	[stansijai barqi:]
énergie (f)	қувва, қувват	[quvva], [quvvat]
énergie (f) électrique	қувваи электрикӣ	[kuvvai ɛlektriki:]

ampoule (f)	лампача, чароғча	[lampatʃa], [tʃarotʃa]
torche (f)	фонуси дастӣ	[fonusi dasti:]
réverbère (m)	фонуси кӯчагӣ	[fonusi kœtʃagi:]

lumière (f)	чароғ	[tʃaroʁ]
allumer (vt)	даргирондан	[dargirondan]
éteindre (vt)	куштан	[kuʃtan]
éteindre la lumière	чароғро куштан	[tʃaroʁro kuʃtan]

être grillé	сухтан	[suχtan]
court-circuit (m)	расиши кӯтоҳ	[rasiʃi kœtoh]
rupture (f)	канда шуданӣ	[kanda ʃudani:]
contact (m)	васл	[vasl]

interrupteur (m)	калидак	[kalidak]
prise (f)	розетка	[rozetka]
fiche (f)	вилка	[vilka]
rallonge (f)	удлинител	[udlinitel]

fusible (m)	пешгирикунанда	[peʃgirikunanda]
fil (m)	сим	[sim]
installation (f) électrique	сими барқ	[simi barq]

ampère (m)	ампер	[amper]
intensité (f) du courant	қувваи барқ	[quvvai barq]
volt (m)	волт	[volt]
tension (f)	шиддат	[ʃiddat]

| appareil (m) électrique | асбоби барқӣ | [asbobi barqi:] |
| indicateur (m) | индикатор | [indikator] |

électricien (m)	барқчӣ	[barqtʃi:]
souder (vt)	лаҳим кардан	[lahim kardan]
fer (m) à souder	лаҳимкаш	[lahimkaʃ]
courant (m)	барқ	[barq]

104. Les outils

outil (m)	абзор	[abzor]
outils (m pl)	асбобу анҷом	[asbobu andʒom]
équipement (m)	тачхизот	[tadʒhizot]

marteau (m)	болғача	[bolʁatʃa]
tournevis (m)	мурваттоб	[murvattob]
hache (f)	табар	[tabar]

scie (f)	арра	[arra]
scier (vt)	арра кардан	[arra kardan]
rabot (m)	ранда	[randa]
raboter (vt)	ранда кардан	[randa kardan]
fer (m) à souder	лаҳимкаш	[lahimkaʃ]
souder (vt)	лаҳим кардан	[lahim kardan]

lime (f)	сӯҳон	[sœhon]
tenailles (f pl)	анбӯр	[anbœr]
pince (f) plate	анбур	[anbur]
ciseau (m)	искана	[iskana]

foret (m)	парма	[parma]
perceuse (f)	парма	[parma]
percer (vt)	парма кардан	[parma kardan]

couteau (m)	корд	[kord]
canif (m)	корди катшаванда	[kordi katʃavanda]
pliant (adj)	катшаванда	[katʃavanda]
lame (f)	теғ, дам	[teʁ], [dam]

bien affilé (adj)	тез	[tez]
émoussé (adj)	кунд	[kund]
s'émousser (vp)	кунд шудан	[kund ʃudan]
affiler (vt)	тез кардан	[tez kardan]

boulon (m)	болт	[bolt]
écrou (m)	гайка	[gajka]
filetage (m)	рахапеч	[raχapetʃ]
vis (f) à bois	мехи печдор	[meχi petʃdor]

| clou (m) | мех | [meχ] |
| tête (f) de clou | сари мех | [sari meχ] |

règle (f)	чадвал	[dʒadval]
mètre (m) à ruban	чентаноб	[tʃentanob]
niveau (m) à bulle	уровен	[uroven]
loupe (f)	лупа, пурбин	[lupa], [purbin]

appareil (m) de mesure	асбоби ченкунӣ	[asbobi tʃenkuni:]
mesurer (vt)	чен кардан	[tʃen kardan]
échelle (f) (~ métrique)	чадвал	[dʒadval]
relevé (m)	нишондод	[niʃondod]

| compresseur (m) | компрессор | [kompressor] |
| microscope (m) | микроскоп, заррабин | [mikroskop], [zarrabin] |

pompe (f)	насос, обдуздак	[nasos], [obduzdak]
robot (m)	робот	[robot]
laser (m)	лазер	[lazer]
clé (f) de serrage	калиди гайка	[kalidi gajka]
ruban (m) adhésif	скоч	[skotʃ]

colle (f)	елим, шилм	[elim], [ʃilm]
papier (m) d'émeri	коғази сунбода	[koʁazi sunboda]
ressort (m)	пружин	[pruʒin]
aimant (m)	магнит, оҳанрабо	[magnit], [ohanrabo]
gants (m pl)	дастпӯшак	[dastpœʃak]
corde (f)	арғамчин, таноб	[arʁamtʃin], [tanob]
cordon (m)	ресмон	[resmon]
fil (m) (~ électrique)	сим	[sim]
câble (m)	кабел	[kabel]
masse (f)	босқон	[bosqon]
pic (m)	мисрон	[misron]
escabeau (m)	зина, зинапоя	[zina], [zinapoja]
échelle (f) double	нардбонча	[nardbontʃa]
visser (vt)	тофтан, тоб додан	[toftan], [tob dodan]
dévisser (vt)	тоб дода кушодан	[tob doda kuʃodan]
serrer (vt)	фишурдан	[fiʃurdan]
coller (vt)	часпонидан	[tʃasponidan]
couper (vt)	буридан	[buridan]
défaut (m)	нодурустӣ, носозӣ	[nodurusti:], [nosozi:]
réparation (f)	таъмир	[ta'mir]
réparer (vt)	таъмир кардан	[ta'mir kardan]
régler (vt)	танзим кардан	[tanzim kardan]
vérifier (vt)	тафтиш кардан	[taftiʃ kardan]
vérification (f)	тафтиш	[taftiʃ]
relevé (m)	нишондод	[niʃondod]
fiable (machine ~)	боэътимод	[boɛ'timod]
complexe (adj)	мураккаб	[murakkab]
rouiller (vi)	занг задан	[zang zadan]
rouillé (adj)	зангзада	[zangzada]
rouille (f)	занг	[zang]

Les transports

105. L'avion

avion (m)	ҳавопаймо	[havopajmo]
billet (m) d'avion	чиптаи ҳавопаймо	[tʃiptai havopajmo]
compagnie (f) aérienne	ширкати ҳавопаймой	[ʃirkati havopajmoi:]
aéroport (m)	аэропорт	[aɛroport]
supersonique (adj)	фавқуссадо	[favqussado]
commandant (m) de bord	фармондеҳи киштй	[farmondehi kiʃti:]
équipage (m)	экипаж	[ɛkipaʒ]
pilote (m)	сарнишин	[sarniʃin]
hôtesse (f) de l'air	стюардесса	[stjuardessa]
navigateur (m)	штурман	[ʃturman]
ailes (f pl)	қанот	[qanot]
queue (f)	дум	[dum]
cabine (f)	кабина	[kabina]
moteur (m)	муҳаррик	[muharrik]
train (m) d'atterrissage	шассӣ	[ʃassi:]
turbine (f)	турбина	[turbina]
hélice (f)	пропеллер	[propeller]
boîte (f) noire	қуттии сиёҳ	[qutti:i sijɔh]
gouvernail (m)	суккон	[sukkon]
carburant (m)	сӯзишворӣ	[sœziʃvori:]
consigne (f) de sécurité	дастурамали бехатарӣ	[dasturamali beχatari:]
masque (m) à oxygène	ниқоби ҳавои тоза	[niqobi havoi toza]
uniforme (m)	либоси расмӣ	[libosi rasmi:]
gilet (m) de sauvetage	камзӯли начотдиҳанда	[kamzœli nadʒotdihanda]
parachute (m)	парашют	[paraʃjut]
décollage (m)	парвоз	[parvoz]
décoller (vi)	парвоз кардан	[parvoz kardan]
piste (f) de décollage	хати парвоз	[χati parvoz]
visibilité (f)	софии ҳаво	[sofi:i havo]
vol (m) (~ d'oiseau)	парвоз	[parvoz]
altitude (f)	баландӣ	[balandi:]
trou (m) d'air	чоҳи ҳаво	[tʃohi havo]
place (f)	чой	[dʒoj]
écouteurs (m pl)	гӯшак, гӯшпӯшак	[gœʃak], [gœʃpœʃak]
tablette (f)	мизчаи вошаванда	[miztʃai voʃavanda]
hublot (m)	иллюминатор	[illjuminator]
couloir (m)	гузаргоҳ	[guzargoh]

106. Le train

train (m)	поезд, қатор	[poezd], [qator]
train (m) de banlieue	қатораи барқӣ	[qatorai barqi:]
TGV (m)	қатораи тезгард	[qatorai tezgard]
locomotive (f) diesel	тепловоз	[teplovoz]
locomotive (f) à vapeur	паровоз	[parovoz]
wagon (m)	вагон	[vagon]
wagon-restaurant (m)	вагон-ресторан	[vagon-restoran]
rails (m pl)	релсҳо	[relsho]
chemin (m) de fer	роҳи оҳан	[rohi ohan]
traverse (f)	шпала	[ʃpala]
quai (m)	платформа	[platforma]
voie (f)	роҳ	[roh]
sémaphore (m)	семафор	[semafor]
station (f)	истгоҳ	[istgoh]
conducteur (m) de train	мошинист	[moʃinist]
porteur (m)	ҳаммол	[hammol]
steward (m)	роҳбалад	[rohbalad]
passager (m)	мусофир	[musofir]
contrôleur (m) de billets	нозир	[nozir]
couloir (m)	коридор	[koridor]
frein (m) d'urgence	стоп-кран	[stop-kran]
compartiment (m)	купе	[kupe]
couchette (f)	кат	[kat]
couchette (f) d'en haut	кати боло	[kati bolo]
couchette (f) d'en bas	кати поён	[kati pojon]
linge (m) de lit	чилдҳои болишту бистар	[dʒildhoi boliʃtu bistar]
ticket (m)	билет	[bilet]
horaire (m)	ҷадвал	[dʒadval]
tableau (m) d'informations	ҷадвал	[dʒadval]
partir (vi)	дур шудан	[dur ʃudan]
départ (m) (du train)	равон кардан	[ravon kardan]
arriver (le train)	омадан	[omadan]
arrivée (f)	омадан	[omadan]
arriver en train	бо қатора омадан	[bo qatora omadan]
prendre le train	ба қатора нишастан	[ba qatora niʃastan]
descendre du train	фаромадан	[faromadan]
accident (m) ferroviaire	садама	[sadama]
dérailler (vi)	аз релс баромадан	[az rels baromadan]
locomotive (f) à vapeur	паровоз	[parovoz]
chauffeur (m)	алавмон	[alavmon]
chauffe (f)	оташдон	[otaʃdon]
charbon (m)	ангишт	[angiʃt]

107. Le bateau

bateau (m)	киштӣ	[kiʃti:]
navire (m)	киштӣ	[kiʃti:]
bateau (m) à vapeur	пароход	[paroxod]
paquebot (m)	теплоход	[teploxod]
bateau (m) de croisière	лайнер	[lajner]
croiseur (m)	крейсер	[krejser]
yacht (m)	яхта	[jaxta]
remorqueur (m)	таноби ядак	[tanobi jadak]
péniche (f)	баржа	[barʒa]
ferry (m)	паром	[parom]
voilier (m)	киштии бодбондор	[kiʃti:i bodbondor]
brigantin (m)	бригантина	[brigantina]
brise-glace (m)	киштии яхшикан	[kiʃti:i jaxʃikan]
sous-marin (m)	киштии зериобӣ	[kiʃti:i zeriobi:]
canot (m) à rames	қаиқ	[qaiq]
dinghy (m)	қаиқ	[qaiq]
canot (m) de sauvetage	заврақи наҷот	[zavraqi nadʒot]
canot (m) à moteur	катер	[kater]
capitaine (m)	капитан	[kapitan]
matelot (m)	баҳрчӣ, маллоҳ	[bahrtʃi:], [malloh]
marin (m)	баҳрчӣ	[bahrtʃi:]
équipage (m)	экипаж	[ɛkipaʒ]
maître (m) d'équipage	ботсман	[botsman]
mousse (m)	маллоҳбача	[mallohbatʃa]
cuisinier (m) du bord	кок, ошпази киштӣ	[kok], [oʃpazi kiʃti:]
médecin (m) de bord	духтури киштӣ	[duxturi kiʃti:]
pont (m)	саҳни киштӣ	[sahni kiʃti:]
mât (m)	сутуни киштӣ	[sutuni kiʃti:]
voile (f)	бодбон	[bodbon]
cale (f)	таҳхонаи киштӣ	[tahxonai kiʃti:]
proue (f)	сари кишти	[sari kiʃti]
poupe (f)	думи киштӣ	[dumi kiʃti:]
rame (f)	бели заврақ	[beli zavraq]
hélice (f)	винт	[vint]
cabine (f)	каюта	[kajuta]
carré (m) des officiers	кают-компания	[kajut-kompanija]
salle (f) des machines	шӯъбаи мошинхо	[ʃœ'bai moʃinho]
passerelle (f)	арша	[arʃa]
cabine (f) de T.S.F.	радиохона	[radioxona]
onde (f)	мавч	[mavdʒ]
journal (m) de bord	журнали киштӣ	[ʒurnali kiʃti:]
longue-vue (f)	дурбин	[durbin]
cloche (f)	ноқус, зангӯла	[noqus], [zangœla]

pavillon (m)	байрак	[bajrak]
grosse corde (f) tressée	арғамчини ғафс	[arʁamtʃini ʁafs]
nœud (m) marin	гиреҳ	[gireh]
rampe (f)	даста барои қапидан	[dasta baroi qapidan]
passerelle (f)	зинапоя	[zinapoja]
ancre (f)	лангар	[langar]
lever l'ancre	лангар бардоштан	[langar bardoʃtan]
jeter l'ancre	лангар андохтан	[langar andoχtan]
chaîne (f) d'ancrage	занҷири лангар	[zandʒiri langar]
port (m)	бандар	[bandar]
embarcadère (m)	ҷои киштибандӣ	[dʒoi kiʃtibandi:]
accoster (vi)	ба соҳил овардан	[ba sohil ovardan]
larguer les amarres	ҳаракат кардан	[harakat kardan]
voyage (m) (à l'étranger)	саёҳат	[sajɔhat]
croisière (f)	круиз	[kruiz]
cap (m) (suivre un ~)	самт	[samt]
itinéraire (m)	маршрут	[marʃrut]
chenal (m)	маъбар	[ma'bar]
bas-fond (m)	тунукоба	[tunukoba]
échouer sur un bas-fond	ба тунукоба шиштан	[ba tunukoba ʃiʃtan]
tempête (f)	тӯфон, бӯрои	[tœfon], [bœroi]
signal (m)	бонг, ишорат	[bong], [iʃorat]
sombrer (vi)	ғарк шудан	[ʁark ʃudan]
Un homme à la mer!	Одам дар об!	[odam dar ob]
SOS (m)	SOS	[sos]
bouée (f) de sauvetage	чамбари наҷот	[tʃambari nadʒot]

108. L'aéroport

aéroport (m)	аэропорт	[aɛroport]
avion (m)	ҳавопаймо	[havopajmo]
compagnie (f) aérienne	ширкати ҳавопаймой	[ʃirkati havopajmoi:]
contrôleur (m) aérien	диспечер	[dispetʃer]
départ (m)	парвоз	[parvoz]
arrivée (f)	парида омадан	[parida omadan]
arriver (par avion)	парида омадан	[parida omadan]
temps (m) de départ	вақти паридан	[vaqti paridan]
temps (m) d'arrivée	вақти шиштан	[vaqti ʃiʃtan]
être retardé	боздоштан	[bozdoʃtan]
retard (m) de l'avion	боздоштани парвоз	[bozdoʃtani parvoz]
tableau (m) d'informations	тахтаи ахборот	[taχtai aχborot]
information (f)	ахборот	[aχborot]
annoncer (vt)	эълон кардан	[ɛ'lon kardan]
vol (m)	сафар, рейс	[safar], [rejs]

douane (f) гумрукхона [gumrukxona]
douanier (m) гумрукчӣ [gumruktʃiː]

déclaration (f) de douane декларатсияи гумрукӣ [deklaratsijai gumrukiː]
remplir (vt) пур кардан [pur kardan]
remplir la déclaration пур кардани декларатсия [pur kardani deklaratsija]
contrôle (m) de passeport назорати шиносиома [nazorati ʃinosnoma]

bagage (m) бағоч, бор [baʁodʒ], [bor]
bagage (m) à main бори дастӣ [bori dastiː]
chariot (m) аробаи боғочкашӣ [arobai boʁotʃkaʃiː]

atterrissage (m) фуруд [furud]
piste (f) d'atterrissage хати нишаст [χati niʃast]
atterrir (vi) нишастан [niʃastan]
escalier (m) d'avion зинапояи киштӣ [zinapojai kiʃtiː]

enregistrement (m) бақайдгирӣ [baqajdgiriː]
comptoir (m) d'enregistrement қатори бақайдгирӣ [qatori baqajdgiriː]
s'enregistrer (vp) қайд кунондан [qajd kunondan]
carte (f) d'embarquement талони саворшавӣ [taloni savorʃaviː]
porte (f) d'embarquement баромадан [baromadan]

transit (m) транзит [tranzit]
attendre (vt) поидан [poidan]
salle (f) d'attente толори интизорӣ [tolori intizoriː]
raccompagner гусел кардан [gusel kardan]
(à l'aéroport, etc.)
dire au revoir падруд гуфтан [padrud guftan]

Les grands événements de la vie

109. Les fêtes et les événements

fête (f)	ид, чашн	[id], [dʒaʃn]
fête (f) nationale	иди миллӣ	[idi milli:]
jour (m) férié	рӯзи ид	[rœzi id]
fêter (vt)	ид кардан	[id kardan]
événement (m) (~ du jour)	воқеа, ходиса	[voqea], [hodisa]
événement (m) (soirée, etc.)	чорабинӣ	[tʃorabini:]
banquet (m)	зиёфати бошукӯх	[zijɔfati boʃukœh]
réception (f)	қабул, зиёфат	[qabul], [zijɔfat]
festin (m)	базм	[bazm]
anniversaire (m)	солгард, солагӣ	[solgard], [solagi:]
jubilé (m)	чашн	[dʒaʃn]
célébrer (vt)	чашн гирифтан	[dʒaʃn giriftan]
Nouvel An (m)	Соли Нав	[soli nav]
Bonne année!	Соли нав муборак!	[soli nav muborak]
Père Noël (m)	Бобои барфӣ	[boboi barfi:]
Noël (m)	Мавлуди Исо	[mavludi iso]
Joyeux Noël!	Иди мавлуд муборак!	[idi mavlud muborak]
arbre (m) de Noël	арчаи солинавӣ	[artʃai solinavi:]
feux (m pl) d'artifice	салют	[saljut]
mariage (m)	тӯй, тӯйи арӯсӣ	[tœj], [tœji arœsi:]
fiancé (m)	домод, домодшаванда	[domɔd], [dɔmɔdʃavanda]
fiancée (f)	арӯс	[arœs]
inviter (vt)	даъват кардан	[da'vat kardan]
lettre (f) d'invitation	даъватнома	[da'vatnoma]
invité (m)	мехмон	[mehmon]
visiter (~ les amis)	ба мехмонӣ рафтан	[ba mehmoni: raftan]
accueillir les invités	қабули мехмонхо	[qabuli mehmonho]
cadeau (m)	тӯхфа	[tœhfa]
offrir (un cadeau)	бахшидан	[baxʃidan]
recevoir des cadeaux	тухфа гирифтан	[tuhfa giriftan]
bouquet (m)	дастаи гул	[dastai gul]
félicitations (f pl)	муборакбод	[muborakbod]
féliciter (vt)	муборакбод гуфтан	[muborakbod guftan]
carte (f) de vœux	аткриткаи табрикӣ	[atkritkai tabriki:]
envoyer une carte	фиристодани аткритка	[firistodani atkritka]
recevoir une carte	аткритка гирифтан	[atkritka giriftan]

toast (m)	нӯшбод	[nœʃbod]
offrir (un verre, etc.)	зиёфат кардан	[zijɔfat kardan]
champagne (m)	шампан	[ʃampan]
s'amuser (vp)	хурсандӣ кардан	[χursandi: kardan]
gaieté (f)	шодӣ, хурсандӣ	[ʃodi:], [χursandi:]
joie (f) (émotion)	шодӣ	[ʃodi:]
danse (f)	ракс	[raks]
danser (vi, vt)	рақсидан	[raqsidan]
valse (f)	валс	[vals]
tango (m)	танго	[tango]

110. L'enterrement. Le deuil

cimetière (m)	гӯристон, қабристон	[gœriston], [qabriston]
tombe (f)	гӯр, кабр	[gœr], [kabr]
croix (f)	салиб	[salib]
pierre (f) tombale	санги қабр	[sangi qabr]
clôture (f)	панҷара	[pandʒara]
chapelle (f)	калисои хурд	[kalisoi χurd]
mort (f)	марг	[marg]
mourir (vi)	мурдан	[murdan]
défunt (m)	раҳматӣ	[rahmati:]
deuil (m)	мотам	[motam]
enterrer (vt)	гӯр кардан	[gœr kardan]
maison (f) funéraire	бюрои дафнкунӣ	[bjuroi dafnkuni:]
enterrement (m)	дафн, ҷаноза	[dafn], [dʒanoza]
couronne (f)	гулчанбар	[gultʃanbar]
cercueil (m)	тобут	[tobut]
corbillard (m)	аробаи тобуткашӣ	[arobai tobutkaʃi]
linceul (m)	кафан	[kafan]
cortège (m) funèbre	ҷараёни дафнкунӣ	[dʒarajɔni dafnkuni:]
urne (f) funéraire	зарфи хокистари мурдаи сӯзондашуда	[zarfi χokistari murdai sœzondaʃuda]
crématoire (m)	хонаи мурдасӯзӣ	[χonai murdasœzi:]
nécrologue (m)	таъзиянома	[ta'zijanoma]
pleurer (vi)	гиря кардан	[girja kardan]
sangloter (vi)	нолидан	[nolidan]

111. La guerre. Les soldats

section (f)	взвод	[vzvod]
compagnie (f)	рота	[rota]
régiment (m)	полк	[polk]
armée (f)	армия, қӯшун	[armija], [qœʃun]

division (f)	дивизия	[divizija]
détachement (m)	даста	[dasta]
armée (f) (Moyen Âge)	қӯшун	[qœʃun]
soldat (m) (un militaire)	аскар	[askar]
officier (m)	афсар	[afsar]
soldat (m) (grade)	аскари қаторӣ	[askari qatori:]
sergent (m)	сержант	[serʒant]
lieutenant (m)	лейтенант	[lejtenant]
capitaine (m)	капитан	[kapitan]
commandant (m)	майор	[majɔr]
colonel (m)	полковник	[polkovnik]
général (m)	генерал	[general]
marin (m)	баҳрчӣ	[bahrtʃi:]
capitaine (m)	капитан	[kapitan]
maître (m) d'équipage	ботсман	[botsman]
artilleur (m)	артиллерися	[artillerisja]
parachutiste (m)	десантчӣ	[desanttʃi:]
pilote (m)	лётчик	[ljottʃik]
navigateur (m)	штурман	[ʃturman]
mécanicien (m)	механик	[meχanik]
démineur (m)	сапёр	[sapjɔr]
parachutiste (m)	парашютчӣ	[paraʃjuttʃi:]
éclaireur (m)	разведкачӣ	[razvedkatʃi:]
tireur (m) d'élite	мерган	[mergan]
patrouille (f)	посбон	[posbon]
patrouiller (vi)	посбонӣ кардан	[pooboni: kardan]
sentinelle (f)	посбон	[posbon]
guerrier (m)	чанговар, аскар	[dʒangovar], [askar]
héros (m)	қаҳрамон	[qahramon]
héroïne (f)	қаҳрамонзан	[qahramonzan]
patriote (m)	ватандӯст	[vatandœst]
traître (m)	хоин, хиёнаткор	[χoin], [χijɔnatkor]
trahir (vt)	хиёнат кардан	[χijɔnat kardan]
déserteur (m)	гуреза, фирорӣ	[gureza], [firori:]
déserter (vt)	фирор кардан	[firor kardan]
mercenaire (m)	зарҳарид	[zarχarid]
recrue (f)	аскари нав	[askari nav]
volontaire (m)	довталаб	[dovtalab]
mort (m)	кушташуда	[kuʃtaʃuda]
blessé (m)	захмдор	[zaχmdor]
prisonnier (m) de guerre	асир	[asir]

112. La guerre. Partie 1

guerre (f)	ҷанг	[dʒang]
faire la guerre	ҷангидан	[dʒangidan]
guerre (f) civile	ҷанги гражданӣ	[dʒangi graʒdani:]
perfidement (adv)	аҳдшиканона	[ahdʃikanona]
déclaration (f) de guerre	эълони ҷанг	[ɛ'loni dʒang]
déclarer (la guerre)	эълон кардан	[ɛ'lon kardan]
agression (f)	таҷовуз, агрессия	[tadʒovuz], [agressija]
attaquer (~ un pays)	ҳуҷум кардан	[hudʒum kardan]
envahir (vt)	забт кардан	[zabt kardan]
envahisseur (m)	забткунанда	[zabtkunanda]
conquérant (m)	забткунанда	[zabtkunanda]
défense (f)	мудофиа	[mudofia]
défendre (vt)	мудофиа кардан	[mudofia kardan]
se défendre (vp)	худро мудофиа кардан	[χudro mudofia kardan]
ennemi (m)	душман	[duʃman]
adversaire (m)	рақиб	[raqib]
ennemi (adj) (territoire ~)	... и душман	[i duʃman]
stratégie (f)	стратегия	[strategija]
tactique (f)	тактика	[taktika]
ordre (m)	фармон	[farmon]
commande (f)	фармон	[farmon]
ordonner (vt)	фармон додан	[farmon dodan]
mission (f)	супориш	[suporiʃ]
secret (adj)	пинҳонӣ	[pinhoni:]
bataille (f)	ҷанг	[dʒang]
combat (m)	муҳориба	[muhoriba]
attaque (f)	ҳамла	[hamla]
assaut (m)	ҳуҷум	[hudʒum]
prendre d'assaut	ҳуҷуми қатъӣ кардан	[hudʒumi qat'i: kardan]
siège (m)	муҳосира	[muhosira]
offensive (f)	ҳуҷум	[hudʒum]
passer à l'offensive	ҳуҷум кардан	[hudʒum kardan]
retraite (f)	ақибнишинӣ	[aqibniʃini:]
faire retraite	ақиб гаштан	[aqib gaʃtan]
encerclement (m)	муҳосира, иҳота	[muhosira], [ihota]
encercler (vt)	муҳосира кардан	[muhosira kardan]
bombardement (m)	бомбаандозӣ	[bombaandozi:]
lancer une bombe	бомба партофтан	[bomba partoftan]
bombarder (vt)	бомбаборон кардан	[bombaboron kardan]
explosion (f)	таркиш, таркидан	[tarkiʃ], [tarkidan]
coup (m) de feu	тир, тирпарронӣ	[tir], [tirparroni:]

tirer un coup de feu	тир паррондан	[tir parrondan]
fusillade (f)	тирпарронӣ	[tirparroni:]
viser ... (cible)	нишон гирифтан	[niʃon giriftan]
pointer (sur ...)	рост кардан	[rost kardan]
atteindre (cible)	задан	[zadan]
faire sombrer	ғарқ кардан	[ʁarq kardan]
trou (m) (dans un bateau)	сӯрох	[sœroχ]
sombrer (navire)	ғарқ шудан	[ʁarq ʃudan]
front (m)	фронт, ҷабха	[front], [dʒabχa]
évacuation (f)	тахлия	[taχlija]
évacuer (vt)	тахлия кардан	[taχlija kardan]
tranchée (f)	хандақ	[χandaq]
barbelés (m pl)	симхор	[simχor]
barrage (m) (~ antichar)	садд	[sadd]
tour (f) de guet	бурчи дидбонӣ	[burtʃi didboni:]
hôpital (m)	беморхонаи ҳарбӣ	[bemorχonai harbi:]
blesser (vt)	захмдор кардан	[zaχmdor kardan]
blessure (f)	захм, реш	[zaχm], [reʃ]
blessé (m)	захмдор	[zaχmdor]
être blessé	захм бардоштан	[zaχm bardoʃtan]
grave (blessure)	вазнин	[vaznin]

113. La guerre. Partie 2

captivité (f)	асирӣ	[asiri:]
captiver (vt)	асир гирифтан	[asir giriftan]
être prisonnier	дар асирӣ будан	[dar asiri: budan]
être fait prisonnier	асир афтидан	[asir aftidan]
camp (m) de concentration	лагери консентратсионӣ	[lageri konsentratsioni:]
prisonnier (m) de guerre	асир	[asir]
s'enfuir (vp)	гурехтан	[gureχtan]
trahir (vt)	хиёнат кардан	[χijɔnat kardan]
traître (m)	хоин, хиёнаткор	[χoin], [χijɔnatkor]
trahison (f)	хиёнат, хоинӣ	[χijɔnat], [χoini:]
fusiller (vt)	тирборон кардан	[tirboron kardan]
fusillade (f) (exécution)	тирборон	[tirboron]
équipement (m) (uniforme, etc.)	либоси ҳарбӣ	[libosi harbi:]
épaulette (f)	пагон	[pagon]
masque (m) à gaz	ниқоби зидди газ	[niqobi ziddi gaz]
émetteur (m) radio	ратсия	[ratsija]
chiffre (m) (code)	рамз	[ramz]
conspiration (f)	пинҳонкунӣ	[pinhonkuni:]
mot (m) de passe	рамз	[ramz]

mine (f) terrestre	мина	[mina]
miner (poser des mines)	мина гузоштан	[mina guzoʃtan]
champ (m) de mines	майдони минадор	[majdoni minador]
alerte (f) aérienne	бонги хатари ҳавой	[bongi χatari havoi:]
signal (m) d'alarme	бонги хатар	[bongi χatar]
signal (m)	бонг, ишорат	[bong], [iʃorat]
fusée signal (f)	ракетаи хабардиҳанда	[raketai χabardihanda]
état-major (m)	штаб	[ʃtab]
reconnaissance (f)	разведкачиён	[razvedkatʃijɔn]
situation (f)	вазъият	[vaz'ijat]
rapport (m)	гузориш, рапорт	[guzoriʃ], [raport]
embuscade (f)	камин	[kamin]
renfort (m)	мадади ҳарбӣ	[madadi harbi:]
cible (f)	ҳадаф, нишон	[hadaf], [niʃon]
polygone (m)	майдони тирандозӣ	[majdoni tirandozi:]
manœuvres (f pl)	манёвр	[manjɔvr]
panique (f)	воҳима	[vohima]
dévastation (f)	хародӣ	[χarodi:]
destructions (f pl) (ruines)	харобазор	[χarobazor]
détruire (vt)	хароб кардан	[χarod kardan]
survivre (vi)	зинда мондан	[zinda mondan]
désarmer (vt)	беярок кардан	[bejarok kardan]
manier (une arme)	кор фармудан	[kor farmudan]
Garde-à-vous! Fixe!	Ором!	[orom]
Repos!	Озод!	[ozod]
exploit (m)	корнома	[kornoma]
serment (m)	қасам	[qasam]
jurer (de faire qch)	қасам хурдан	[qasam χurdan]
décoration (f)	мукофот	[mukofot]
décorer (de la médaille)	мукофот додан	[mukofot dodan]
médaille (f)	медал	[medal]
ordre (m) (~ du Mérite)	орден, нишон	[orden], [niʃon]
victoire (f)	ғалаба	[ʁalaba]
défaite (f)	шикаст хӯрдан	[ʃikast χœrdan]
armistice (m)	сулҳи муваққати	[sulhi muvaqqati]
drapeau (m)	байрақ	[bajraq]
gloire (f)	шараф, шӯҳрат	[ʃaraf], [ʃœhrat]
défilé (m)	расмигузашт	[rasmiguzaʃt]
marcher (défiler)	қадамзании низомӣ	[qadamzani:i nizomi:]

114. Les armes

arme (f)	яроқ, силоҳ	[jaroq], [siloh]
armes (f pl) à feu	аслиҳаи оташфишон	[aslihai otaʃfiʃon]

armes (f pl) blanches	яроқи беоташ	[jaroqi beotaʃ]
arme (f) chimique	силоҳи химиявӣ	[silohi χimijavi:]
nucléaire (adj)	… и ядро, ядрой	[i jadro], [jadroi:]
arme (f) nucléaire	аслиҳаи ядрой	[aslihai jadroi:]
bombe (f)	бомба	[bomba]
bombe (f) atomique	бомбаи атомӣ	[bombai atomi:]
pistolet (m)	тапонча	[tapontʃa]
fusil (m)	милтиқ	[miltiq]
mitraillette (f)	автомат	[avtomat]
mitrailleuse (f)	пулемёт	[pulemjɔt]
bouche (f)	даҳони мил	[dahoni mil]
canon (m)	мил	[mil]
calibre (m)	калибр	[kalibr]
gâchette (f)	куланги силоҳи оташфишон	[kulangi silohi otaʃfiʃon]
mire (f)	нишон	[niʃon]
magasin (m)	тирдон	[tirdon]
crosse (f)	қундоқ	[qundoq]
grenade (f) à main	гранатаи дастӣ	[granatai dasti:]
explosif (m)	моддаи тарканда	[moddai tarkanda]
balle (f)	тир	[tir]
cartouche (f)	тир	[tir]
charge (f)	заряд	[zarjad]
munitions (f pl)	лавозимоти ҷангӣ	[lavozimoti dʒangi:]
bombardier (m)	самолёти бомбаандоз	[samoljɔti bombaandoz]
avion (m) de chasse	қирқунанда	[qirkunanda]
hélicoptère (m)	вертолёт	[vertoljɔt]
pièce (f) de D.C.A.	тӯпи зенитӣ	[tɶpi zeniti:]
char (m)	танк	[tank]
canon (m) d'un char	тӯп	[tɶp]
artillerie (f)	артиллерия	[artillerija]
canon (m)	тӯп	[tɶp]
pointer (~ l'arme)	рост кардан	[rost kardan]
obus (m)	тир, тири тӯп	[tir], [tiri tɶp]
obus (m) de mortier	минаи миномёт	[minai minomjɔt]
mortier (m)	миномёт	[minomjɔt]
éclat (m) d'obus	тикка	[tikka]
sous-marin (m)	киштии зериобӣ	[kiʃti:i zeriobi:]
torpille (f)	торпеда	[torpeda]
missile (m)	ракета	[raketa]
charger (arme)	тир пур кардан	[tir pur kardan]
tirer (vi)	тир задан	[tir zadan]
viser … (cible)	нишон гирифтан	[niʃon giriftan]
baïonnette (f)	найза	[najza]

épée (f)	шамшер	[ʃamʃer]
sabre (m)	шамшер, шоф	[ʃamʃer], [ʃof]
lance (f)	найза	[najza]
arc (m)	камон	[kamon]
flèche (f)	тир	[tir]
mousquet (m)	туфанг	[tufang]
arbalète (f)	камон, камонғӯлак	[kamon], [kamonʁœlak]

115. Les hommes préhistoriques

primitif (adj)	ибтидой	[ibtidoi:]
préhistorique (adj)	пеш аз таърих	[peʃ az ta'riχ]
ancien (adj)	қадим	[qadim]

Âge (m) de pierre	Асри сангин	[asri sangin]
Âge (m) de bronze	Давраи биринҷӣ	[davrai birindʒi:]
période (f) glaciaire	Давраи яхбандӣ	[davrai jaχbandi:]

tribu (f)	қабила	[qabila]
cannibale (m)	одамхӯр	[odamχœr]
chasseur (m)	шикорчӣ	[ʃikortʃi:]
chasser (vi, vt)	шикор кардан	[ʃikor kardan]
mammouth (m)	мамонт	[mamont]

caverne (f)	ғор	[ʁor]
feu (m)	оташ	[otaʃ]
feu (m) de bois	гулхан	[gulχan]
dessin (m) rupestre	нақшҳои рӯйи санг	[naqʃhoi rœji sang]

outil (m)	олати меҳнат	[olati mehnat]
lance (f)	найза	[najza]
hache (f) en pierre	табари сангин	[tabari sangin]
faire la guerre	ҷангидан	[dʒangidan]
domestiquer (vt)	дастомӯз кардан	[dastomœz kardan]

idole (f)	бут, санам	[but], [sanam]
adorer, vénérer (vt)	парастидан	[parastidan]
superstition (f)	хурофот	[χurofot]
rite (m)	расм, маросим	[rasm], [marosim]

| évolution (f) | таҳаввул | [tahavvul] |
| développement (m) | пешравӣ | [peʃravi:] |

| disparition (f) | нест шудан | [nest ʃudan] |
| s'adapter (vp) | мувофиқат кардан | [muvofiqat kardan] |

archéologie (f)	археология	[arχeologija]
archéologue (m)	археолог	[arχeolog]
archéologique (adj)	археологӣ	[arχeologi:]

site (m) d'excavation	ҳафриёт	[hafrijot]
fouilles (f pl)	ҳафриёт	[hafrijot]
trouvaille (f)	бозёфт	[bozjoft]
fragment (m)	порча	[portʃa]

116. Le Moyen Âge

peuple (m)	халқ	[χalq]
peuples (m pl)	халқҳо	[χalqho]
tribu (f)	қабила	[qabila]
tribus (f pl)	қабилаҳо	[qabilaho]
Barbares (m pl)	барбарҳо	[barbarho]
Gaulois (m pl)	галлҳо	[gallho]
Goths (m pl)	готҳо	[gotho]
Slaves (m pl)	сақлоб	[saqlob]
Vikings (m pl)	викингҳо	[vikingho]
Romains (m pl)	румиҳо	[rumiho]
romain (adj)	… и Рим, римӣ	[i rim], [rimi:]
byzantins (m pl)	византиягиҳо	[vizantijagiho]
Byzance (f)	Византия	[vizantija]
byzantin (adj)	византиягӣ	[vizantijagi:]
empereur (m)	император	[imperator]
chef (m)	пешво, роҳбар	[peʃvo], [rohbar]
puissant (adj)	тавоно	[tavono]
roi (m)	шоҳ	[ʃoh]
gouverneur (m)	ҳукмдор	[hukmdor]
chevalier (m)	баҳодур	[bahodur]
féodal (m)	феодал	[feodal]
féodal (adj)	феодалӣ	[feodali:]
vassal (m)	вассал	[vassal]
duc (m)	гертсог	[gertsog]
comte (m)	граф	[graf]
baron (m)	барон	[baron]
évêque (m)	епископ	[episkop]
armure (f)	либосу аслиҳаи чангӣ	[libosu aslihai tʃangi:]
bouclier (m)	сипар	[sipar]
glaive (m)	шамшер	[ʃamʃer]
visière (f)	рӯйпӯши тоскулоҳ	[rœjpœʃi toskuloh]
cotte (f) de mailles	зиреҳ	[zireh]
croisade (f)	юриши салибдорон	[juriʃi salibdoron]
croisé (m)	салибдор	[salibdor]
territoire (m)	ҳок	[χok]
attaquer (~ un pays)	ҳучум кардан	[huʤum kardan]
conquérir (vt)	забт кардан	[zabt kardan]
occuper (envahir)	ғасб кардан	[ʁasb kardan]
siège (m)	муҳосира	[muhosira]
assiégé (adj)	муҳосирашуда	[muhosiraʃuda]
assiéger (vt)	муҳосира кардан	[muhosira kardan]
inquisition (f)	инквизитсия	[inkvizitsija]
inquisiteur (m)	инквизитор	[inkvizitor]

torture (f)	шиканҷа	[ʃikandʒa]
cruel (adj)	бераҳм	[berahm]
hérétique (m)	бидъаткор	[bid'atkor]
hérésie (f)	бидъат	[bid'at]

navigation (f) en mer	баҳрнавардӣ	[bahrnavardi:]
pirate (m)	роҳзани баҳрӣ	[rohzani bahri:]
piraterie (f)	роҳзании баҳрӣ	[rohzani:i bahri:]
abordage (m)	абордаж	[abordaʒ]
butin (m)	сайд, ғанимат	[sajd], [ʁanimat]
trésor (m)	ганҷ	[gandʒ]

découverte (f)	кашф	[kaʃf]
découvrir (vt)	кашф кардан	[kaʃf kardan]
expédition (f)	экспедитсия	[ɛkspeditsija]

mousquetaire (m)	туфангдор	[tufangdor]
cardinal (m)	кардинал	[kardinal]
héraldique (f)	гербшиносӣ	[gerbʃinosi:]
héraldique (adj)	... и гербшиносӣ	[i gerbʃinosi:]

117. Les dirigeants. Les responsables. Les autorités

roi (m)	шоҳ	[ʃoh]
reine (f)	малика	[malika]
royal (adj)	шоҳӣ, ... и шоҳ	[ʃohi:], [i ʃoh]
royaume (m)	шоҳигарӣ	[ʃohigari:]

prince (m)	шоҳзода	[ʃohzoda]
princesse (f)	шоҳдухтар	[ʃohduχtar]

président (m)	президент	[prezident]
vice-président (m)	ноиб-президент	[noib-prezident]
sénateur (m)	сенатор	[senator]

monarque (m)	монарх, подшоҳ	[monarχ], [podʃoh]
gouverneur (m)	ҳукмдор	[hukmdor]
dictateur (m)	ҳукмфармо	[hukmfarmo]
tyran (m)	мустабид	[mustabid]
magnat (m)	магнат	[magnat]

directeur (m)	директор, мудир	[direktor], [mudir]
chef (m)	сардор	[sardor]
gérant (m)	идоракунанда	[idorakunanda]
boss (m)	хӯҷаин, саркор	[χœdʒain], [sarkor]
patron (m)	соҳиб, хӯҷаин	[sohib], [χœdʒain]

leader (m)	сарвар, роҳбар	[sarvar], [rohbar]
chef (m) (~ d'une délégation)	сардор	[sardor]
autorités (f pl)	ҳукумат	[hukumat]
supérieurs (m pl)	сардорон	[sardoron]

gouverneur (m)	губернатор	[gubernator]
consul (m)	консул	[konsul]

diplomate (m)	дипломат	[diplomat]
maire (m)	мир	[mir]
shérif (m)	шериф	[ʃerif]

empereur (m)	император	[imperator]
tsar (m)	шоҳ	[ʃoh]
pharaon (m)	фиръавн	[fir'avn]
khan (m)	хон	[χon]

118. Les crimes. Les criminels. Partie 1

bandit (m)	роҳзан	[rohzan]
crime (m)	чиноят	[dʒinojat]
criminel (m)	чинояткор	[dʒinojatkor]

voleur (m)	дузд	[duzd]
voler (qch à qn)	дуздидан	[duzdidan]
vol (m) (activité)	дуздӣ	[duzdi:]
vol (m) (~ à la tire)	ғорат	[ʁorat]

kidnapper (vt)	дуздидан	[duzdidan]
kidnapping (m)	одамдуздӣ	[odamduzdi:]
kidnappeur (m)	одамдузд	[odamduzd]

| rançon (f) | фидия | [fidija] |
| exiger une rançon | фидия талаб кардан | [fidija talab kardan] |

cambrioler (vt)	ғорат кардан	[ʁorat kardan]
cambriolage (m)	ғорат	[ʁorat]
cambrioleur (m)	ғоратгар	[ʁoratgar]

extorquer (vt)	тамаъ чустан	[tama' dʒustan]
extorqueur (m)	тамаъкор	[tama'kor]
extorsion (f)	тамаъчӯӣ	[tama'dʒœi:]

tuer (vt)	куштан	[kuʃtan]
meurtre (m)	қатл, куштор	[qatl], [kuʃtor]
meurtrier (m)	кушанда	[kuʃanda]

coup (m) de feu	тир, тирпарронӣ	[tir], [tirparroni:]
tirer un coup de feu	тир паррондан	[tir parrondan]
abattre (par balle)	паррондан	[parrondan]
tirer (vi)	тир задан	[tir zadan]
coups (m pl) de feu	тирандозӣ	[tirandozi:]

incident (m)	ҳодиса	[hodisa]
bagarre (f)	занозанӣ	[zanozani:]
Au secours!	Ёри диҳед!	[jori dihed]
victime (f)	қурбонӣ, қурбон	[qurboni:], [qurbon]

endommager (vt)	осеб расонидан	[oseb rasonidan]
dommage (m)	зарар	[zarar]
cadavre (m)	часад	[dʒasad]
grave (~ crime)	вазнин	[vaznin]

attaquer (vt)	хуҷум кардан	[huʤum kardan]
battre (frapper)	задан	[zadan]
passer à tabac	лату кӯб кардан	[latu kœb kardan]
prendre (voler)	кашида гирифтан	[kaʃida giriftan]
poignarder (vt)	сар буридан	[sar buridan]
mutiler (vt)	маъюб кардан	[ma'jub kardan]
blesser (vt)	захмдор кардан	[zaxmdor kardan]
chantage (m)	таҳдид	[tahdid]
faire chanter	таҳдид кардан	[tahdid kardan]
maître (m) chanteur	таҳдидгар	[tahdidgar]
racket (m) de protection	рэкет	[rɛket]
racketteur (m)	рэкетчӣ	[rɛkettʃi:]
gangster (m)	роҳзан, ғоратгар	[rohzan], [ʁoratgar]
mafia (f)	мафия	[mafija]
pickpocket (m)	кисабур	[kisabur]
cambrioleur (m)	дузди қулфшикан	[duzdi qulfʃikan]
contrebande (f) (trafic)	қочоқчигӣ	[qotʃoqtʃigi:]
contrebandier (m)	қочоқчӣ	[qotʃoqtʃi:]
contrefaçon (f)	сохтакорӣ	[soxtakori:]
falsifier (vt)	сохтакорӣ кардан	[soxtakori: kardan]
faux (falsifié)	қалбакӣ	[qalbaqi:]

119. Les crimes. Les criminels. Partie 2

viol (m)	таҷовуз ба номус	[taʤovuz ba nomus]
violer (vt)	ба номус таҷовуз кардан	[ba nomus taʤovuz kardan]
violeur (m)	зӯрикунанда	[zœrikunanda]
maniaque (m)	васвосӣ, савдойӣ	[vasvosi:], [savdoi:]
prostituée (f)	фоҳиша	[fohiʃa]
prostitution (f)	фоҳишагӣ	[fohiʃagi:]
souteneur (m)	занчаллоб	[zanʤallob]
drogué (m)	нашъаманд	[naʃ'amand]
trafiquant (m) de drogue	нашъачаллоб	[naʃ'adʤallob]
faire exploser	таркондан	[tarkondan]
explosion (f)	тарқиш, таркидан	[tarkiʃ], [tarkidan]
mettre feu	оташ задан	[otaʃ zadan]
incendiaire (m)	оташзананда	[otaʃzananda]
terrorisme (m)	терроризм	[terrorizm]
terroriste (m)	террорчӣ	[terrortʃi:]
otage (m)	шахси гаравӣ, гаравгон	[ʃaxsi garavi:], [garavgon]
escroquer (vt)	фиреб додан, фирефтан	[fireb dodan], [fireftan]
escroquerie (f)	фиреб	[fireb]
escroc (m)	фиребгар	[firebgar]
soudoyer (vt)	пора додан	[pora dodan]
corruption (f)	пора додан	[pora dodan]

pot-de-vin (m)	пора, ришва	[pora], [riʃva]
poison (m)	заҳр	[zahr]
empoisonner (vt)	заҳр додан	[zahr dodan]
s'empoisonner (vp)	заҳр хӯрдан	[zahr χœrdan]
suicide (m)	худкушӣ	[χudkuʃi:]
suicidé (m)	худкуш	[χudkuʃ]
menacer (vt)	дӯғ задан	[dœʁ zadan]
menace (f)	дӯғ, пӯписа	[dœʁ], [pœpisa]
attenter (vt)	суиқасд кардан	[suiqasd kardan]
attentat (m)	суиқасд	[suiqasd]
voler (un auto)	дуздидан	[duzdidan]
détourner (un avion)	дуздидан	[duzdidan]
vengeance (f)	интиқом	[intiqom]
se venger (vp)	интиқом гирифтан	[intiqom giriftan]
torturer (vt)	шиканҷа кардан	[ʃikandʒa kardan]
torture (f)	шиканҷа	[ʃikandʒa]
tourmenter (vt)	азоб додан	[azob dodan]
pirate (m)	роҳзани баҳрӣ	[rohzani bahri:]
voyou (m)	бадахлоқ	[badaχloq]
armé (adj)	мусаллаҳ	[musallah]
violence (f)	таҷовуз	[tadʒovuz]
illégal (adj)	ғайрилегалӣ	[ʁajrilegali:]
espionnage (m)	ҷосусӣ	[dʒosusi:]
espionner (vt)	ҷосусӣ кардан	[dʒosusi: kardan]

120. La police. La justice. Partie 1

justice (f)	адлия	[adlija]
tribunal (m)	суд	[sud]
juge (m)	довар	[dovar]
jury (m)	суди халқӣ	[sudi χalqi:]
cour (f) d'assises	суди касамиён	[sudi kasamijon]
juger (vt)	суд кардан	[sud kardan]
avocat (m)	адвокат, ҳимоягар	[advokat], [himojagar]
accusé (m)	айбдор	[ajbdor]
banc (m) des accusés	курсии судшаванда	[kursi:i sudʃavanda]
inculpation (f)	айбдоркунӣ	[ajbdorkuni:]
inculpé (m)	айбдоршаванда	[ajbdorʃavanda]
condamnation (f)	ҳукм, ҳукмнома	[hukm], [hukmnoma]
condamner (vt)	ҳукм кардан	[hukm kardan]
coupable (m)	гуноҳкор, айбдор	[gunahkor], [ajbdor]
punir (vt)	ҷазо додан	[dʒazo dodan]

punition (f)	ҷазо	[dʒazo]
amende (f)	ҷарима	[dʒarima]
détention (f) à vie	ҳабси якумрӣ	[habsi jakumri:]
peine (f) de mort	ҷазои қатл	[dʒazoi qatl]
chaise (f) électrique	курсии барқӣ	[kursi:i barqi:]
potence (f)	дор	[dor]
exécuter (vt)	қатл кардан	[qatl kardan]
exécution (f)	ҳукми куш	[hukmi kuʃ]
prison (f)	маҳбас	[mahbas]
cellule (f)	камера	[kamera]
escorte (f)	қаравулон	[qaravulon]
gardien (m) de prison	назоратчии ҳабсхона	[nazoratt͡ʃi:i habsχona]
prisonnier (m)	маҳбус	[mahbus]
menottes (f pl)	дастбанд	[dastband]
mettre les menottes	ба даст кишан андохтан	[ba dast kiʃan andoχtan]
évasion (f)	гурез	[gurez]
s'évader (vp)	гурехтан	[gureχtan]
disparaître (vi)	гум шудан	[gum ʃudan]
libérer (vt)	озод кардан	[ozod kardan]
amnistie (f)	амнистия, афви умумӣ	[amnistija], [afvi umumi:]
police (f)	полис	[polis]
policier (m)	полис	[polis]
commissariat (m) de police	милисахона	[milisaχona]
matraque (f)	чӯбдасти резинӣ	[t͡ʃœbdasti rezini:]
haut parleur (m)	баландгӯяк	[balandgœjak]
voiture (f) de patrouille	мошини дидбонӣ	[moʃini didboni:]
sirène (f)	бурғу	[burʁu]
enclencher la sirène	даргиронидани сирена	[dargironidani sirena]
hurlement (m) de la sirène	ҳуввоси сирена	[huvvosi sirena]
lieu (m) du crime	ҷойи ҷиноят	[dʒoji dʒinojat]
témoin (m)	шоҳид	[ʃohid]
liberté (f)	озодӣ	[ozodi:]
complice (m)	шарик	[ʃarik]
s'enfuir (vp)	паноҳ шудан	[panoh ʃudan]
trace (f)	пай	[paj]

121. La police. La justice. Partie 2

recherche (f)	ҷустуҷӯ	[dʒustudʒœ]
rechercher (vt)	ҷустуҷӯ кардан	[dʒustudʒœ kardan]
suspicion (f)	шубҳа	[ʃubha]
suspect (adj)	шубҳанок	[ʃubhanok]
arrêter (dans la rue)	нигоҳ доштан	[nigoh doʃtan]
détenir (vt)	дастгир кардан	[dastgir kardan]
affaire (f) (~ pénale)	кори ҷинояти	[kori dʒinojati:]
enquête (f)	тафтиш	[taftiʃ]

détective (m)	муфаттиши махфӣ	[mufattiʃi maχfi:]
enquêteur (m)	муфаттиш	[mufattiʃ]
hypothèse (f)	версия	[versija]
motif (m)	ангеза	[angeza]
interrogatoire (m)	истинток кардан	[istintok kardan]
interroger (vt)	истинток	[istintok]
interroger (~ les voisins)	райпурсӣ кардан	[rajpursi: kardan]
inspection (f)	тафтиш	[taftiʃ]
rafle (f)	муҳосира, иҳота	[muhosira,ihota]
perquisition (f)	кофтуков	[koftukov]
poursuite (f)	таъқиб	[ta'qib]
poursuivre (vt)	таъқиб кардан	[ta'qib kardan]
dépister (vt)	поидан	[poidan]
arrestation (f)	ҳабс	[habs]
arrêter (vt)	ҳабс кардан	[habs kardan]
attraper (~ un criminel)	дастгир кардан	[dastgir kardan]
capture (f)	дастгир карданӣ	[dastgir kardani:]
document (m)	ҳуҷҷат, санад	[hudʒdʒat], [sanad]
preuve (f)	исбот	[isbot]
prouver (vt)	исбот кардан	[isbot kardan]
empreinte (f) de pied	из, пай	[iz], [paj]
empreintes (f pl) digitales	нақши ангуштон	[naqʃi anguʃton]
élément (m) de preuve	далел	[dalel]
alibi (m)	алиби	[alibi]
innocent (non coupable)	бегуноҳ, беайб	[begunoh], [beajb]
injustice (f)	беадолатӣ	[beadolati:]
injuste (adj)	беинсоф	[beinsof]
criminel (adj)	ҷиноятӣ	[dʒinojati:]
confisquer (vt)	мусодира кардан	[musodira kardan]
drogue (f)	маводи нашъадор	[mavodi naʃ'ador]
arme (f)	ярок	[jaroq]
désarmer (vt)	беярок кардан	[bejarok kardan]
ordonner (vt)	фармон додан	[farmon dodan]
disparaître (vi)	гум шудан	[gum ʃudan]
loi (f)	қонун	[qonun]
légal (adj)	конунӣ, ... и конун	[konuni:], [i konun]
illégal (adj)	ғайриқонунӣ	[ʁajriqonuni:]
responsabilité (f)	ҷавобгарӣ	[dʒavobgari:]
responsable (adj)	ҷавобгар	[dʒavobgar]

LA NATURE

La Terre. Partie 1

122. L'espace cosmique

cosmos (m)	кайҳон	[kajhon]
cosmique (adj)	… и кайҳон	[i kajhon]
espace (m) cosmique	фазои кайҳон	[fazoi kajhon]
monde (m)	ҷаҳон	[dʒahon]
univers (m)	коинот	[koinot]
galaxie (f)	галактика	[galaktika]
étoile (f)	ситора	[sitora]
constellation (f)	бурҷ	[burdʒ]
planète (f)	сайёра	[sajjɔra]
satellite (m)	радиф	[radiʃ]
météorite (m)	метеорит, шиҳобпора	[meteorit], [ʃihobpora]
comète (f)	ситораи думдор	[sitorai dumdor]
astéroïde (m)	астероид	[asteroid]
orbite (f)	мадор	[mador]
tourner (vi)	давр задан	[davr zadan]
atmosphère (f)	атмосфера	[atmosfera]
Soleil (m)	Офтоб	[oftob]
système (m) solaire	манзумаи шамсӣ	[manzumai ʃamsi:]
éclipse (f) de soleil	гирифтани офтоб	[giriftani oftob]
Terre (f)	Замин	[zamin]
Lune (f)	Моҳ	[moh]
Mars (m)	Миррих	[mirrix]
Vénus (f)	Зӯҳра, Ноҳид	[zœhra], [nohid]
Jupiter (m)	Муштарӣ	[muʃtari:]
Saturne (m)	Кайвон	[kajvon]
Mercure (m)	Уторид	[utorid]
Uranus (m)	Уран	[uran]
Neptune	Нептун	[neptun]
Pluton (m)	Плутон	[pluton]
la Voie Lactée	Роҳи Каҳкашон	[rohi kahkaʃon]
la Grande Ours	Дубби Акбар	[dubbi akbar]
la Polaire	Ситораи қутбӣ	[sitorai qutbi:]
martien (m)	миррихӣ	[mirrixi:]
extraterrestre (m)	инопланетянхо	[inoplanetjanho]

alien (m)	махлуқи кайҳонӣ	[maχluqi: kajhoni:]
soucoupe (f) volante	табақи парвозкунанда	[tabaqi parvozkunanda]
vaisseau (m) spatial	киштии кайҳонӣ	[kiʃti:i kajhoni:]
station (f) orbitale	стантсияи мадорӣ	[stantsijai madori:]
lancement (m)	оғоз	[oʁoz]
moteur (m)	муҳаррик	[muharrik]
tuyère (f)	сопло	[soplo]
carburant (m)	сӯзишворӣ	[sœziʃvori:]
cabine (f)	кабина	[kabina]
antenne (f)	антенна	[antenna]
hublot (m)	иллюминатор	[illjuminator]
batterie (f) solaire	батареи офтобӣ	[batarei oftobi:]
scaphandre (m)	скафандр	[skafandr]
apesanteur (f)	бевазнӣ	[bevazni:]
oxygène (m)	оксиген	[oksigen]
arrimage (m)	пайваст	[pajvast]
s'arrimer à ...	пайваст кардан	[pajvast kardan]
observatoire (m)	расадхона	[rasadχona]
télescope (m)	телескоп	[teleskop]
observer (vt)	мушоҳида кардан	[muʃohida kardan]
explorer (un cosmos)	таҳқиқ кардан	[tahqiq kardan]

123. La Terre

Terre (f)	Замин	[zamin]
globe (m) terrestre	кураи замин	[kurai zamin]
planète (f)	сайёра	[sajjora]
atmosphère (f)	атмосфера	[atmosfera]
géographie (f)	география	[geografija]
nature (f)	табиат	[tabiat]
globe (m) de table	глобус	[globus]
carte (f)	харита	[χarita]
atlas (m)	атлас	[atlas]
Asie (f)	Осиё	[osijo]
Afrique (f)	Африқо	[afriqo]
Australie (f)	Австралия	[avstralija]
Amérique (f)	Америка	[amerika]
Amérique (f) du Nord	Америкаи Шимолӣ	[amerikai ʃimoli:]
Amérique (f) du Sud	Америкаи Ҷанубӣ	[amerikai ʤanubi:]
l'Antarctique (m)	Антарктида	[antarktida]
l'Arctique (m)	Арктика	[arktika]

124. Les quatre parties du monde

nord (m)	шимол	[ʃimol]
vers le nord	ба шимол	[ba ʃimol]
au nord	дар шимол	[dar ʃimol]
du nord (adj)	шимолӣ, ... и шимол	[ʃimoliː], [i ʃimol]
sud (m)	ҷануб	[dʒanub]
vers le sud	ба ҷануб	[ba dʒanub]
au sud	дар ҷануб	[dar dʒanub]
du sud (adj)	ҷанубӣ, ... и ҷануб	[dʒanubiː], [i dʒanub]
ouest (m)	ғарб	[ʁarb]
vers l'occident	ба ғарб	[ba ʁarb]
à l'occident	дар ғарб	[dar ʁarb]
occidental (adj)	ғарбӣ, ... и ғарб	[ʁarbiː], [i ʁarb]
est (m)	шарқ	[ʃarq]
vers l'orient	ба шарқ	[ba ʃarq]
à l'orient	дар шарқ	[dar ʃarq]
oriental (adj)	шарқӣ	[ʃarqiː]

125. Les océans et les mers

mer (f)	баҳр	[bahr]
océan (m)	уқёнус	[uqjɔnus]
golfe (m)	халиҷ	[χalidʒ]
détroit (m)	гулӯгоҳ	[gulœgoh]
terre (f) ferme	хушкӣ, замин	[χuʃkiː], [zamin]
continent (m)	материк, қитъа	[materik], [qit'a]
île (f)	ҷазира	[dʒazira]
presqu'île (f)	нимҷазира	[nimdʒazira]
archipel (m)	галаҷазира	[galadʒazira]
baie (f)	халиҷ	[χalidʒ]
port (m)	бандар	[bandar]
lagune (f)	лагуна	[laguna]
cap (m)	димоға	[dimoʁa]
atoll (m)	атолл	[atoll]
récif (m)	харсанги зериобӣ	[χarsangi zeriobiː]
corail (m)	марҷон	[mardʒon]
récif (m) de corail	обсанги марҷонӣ	[obsangi mardʒoniː]
profond (adj)	чуқур	[tʃuqur]
profondeur (f)	чуқурӣ	[tʃuquriː]
abîme (m)	қаър	[qa'r]
fosse (f) océanique	чуқурӣ	[tʃuquriː]
courant (m)	ҷараён	[dʒarajɔn]
baigner (vt) (mer)	шустан	[ʃustan]

| littoral (m) | соҳил, соҳили баҳр | [sohil], [sohili bahr] |
| côte (f) | соҳил | [sohil] |

marée (f) haute	мадд	[madd]
marée (f) basse	ҷазр	[dʒazr]
banc (m) de sable	пастоб	[pastob]
fond (m)	қаър	[qa'r]

vague (f)	мавҷ	[mavdʒ]
crête (f) de la vague	теғаи мавҷ	[teʁai mavdʒ]
mousse (f)	кафк	[kafk]

tempête (f) en mer	тӯфон, бӯрои	[tœfon], [bœroi]
ouragan (m)	тундбод	[tundbod]
tsunami (m)	сунами	[sunami]
calme (m)	сукунати ҳаво	[sukunati havo]
calme (tranquille)	ором	[orom]

| pôle (m) | қутб | [qutb] |
| polaire (adj) | қутбӣ | [qutbi:] |

latitude (f)	арз	[arz]
longitude (f)	тӯл	[tœl]
parallèle (f)	параллел	[parallel]
équateur (m)	хати истиво	[χati istivo]

ciel (m)	осмон	[osmon]
horizon (m)	уфуқ	[ufuq]
air (m)	ҳаво	[havo]

phare (m)	мино	[mino]
plonger (vi)	ғӯта задан	[ʁœta zadan]
sombrer (vi)	ғарқ шудан	[ʁarq ʃudan]
trésor (m)	ганҷ	[gandʒ]

126. Les noms des mers et des océans

océan (m) Atlantique	Уқёнуси Атлантик	[uqjonusi atlantik]
océan (m) Indien	Уқёнуси Ҳинд	[uqjonusi hind]
océan (m) Pacifique	Уқёнуси Ором	[uqjonusi orom]
océan (m) Glacial	Уқёнуси яхбастаи шимолӣ	[uqjonusi jaχbastai ʃimoli:]

mer (f) Noire	Баҳри Сиёҳ	[bahri sijoh]
mer (f) Rouge	Баҳри Сурх	[bahri surχ]
mer (f) Jaune	Баҳри Зард	[bahri zard]
mer (f) Blanche	Баҳри Сафед	[bahri safed]

mer (f) Caspienne	Баҳри Хазар	[bahri χazar]
mer (f) Morte	Баҳри Майит	[bahri majit]
mer (f) Méditerranée	Баҳри Миёназамин	[bahri mijonazamin]

mer (f) Égée	Баҳри Эгей	[bahri ɛgej]
mer (f) Adriatique	Баҳри Адриатика	[bahri adriatika]
mer (f) Arabique	Баҳри Араві	[bahri aravi]

mer (f) du Japon	Баҳри Чопон	[bahri dʒopon]
mer (f) de Béring	Баҳри Беринг	[bahri bering]
mer (f) de Chine Méridionale	Баҳри Хитойи Ҷанубӣ	[bahri χitoji dʒanubi:]
mer (f) de Corail	Баҳри Марҷон	[bahri mardʒon]
mer (f) de Tasman	Баҳри Тасман	[bahri tasman]
mer (f) Caraïbe	Баҳри Кариб	[bahri karib]
mer (f) de Barents	Баҳри Баренс	[bahri barens]
mer (f) de Kara	Баҳри Кара	[bahri kara]
mer (f) du Nord	Баҳри Шимолӣ	[bahri ʃimoli:]
mer (f) Baltique	Баҳри Балтика	[bahri baltika]
mer (f) de Norvège	Баҳри Норвегия	[bahri norvegija]

127. Les montagnes

montagne (f)	кӯҳ	[kœh]
chaîne (f) de montagnes	силсилакӯҳ	[silsilakœh]
crête (f)	қаторкӯҳ	[qatorkœh]
sommet (m)	кулла	[kulla]
pic (m)	қулла	[qulla]
pied (m)	доманаи кӯҳ	[domanai kœh]
pente (f)	нишебӣ	[niʃebi:]
volcan (m)	вулқон	[vulqon]
volcan (m) actif	вулқони амалкунанда	[vulqoni amalkunanda]
volcan (m) éteint	вулқони хомӯшшуда	[vulqoni χomœʃʃuda]
éruption (f)	оташфишонӣ	[otaʃfiʃoni:]
cratère (m)	танӯра	[tanœra]
magma (m)	магма, тафта	[magma], [tafta]
lave (f)	гудоза	[gudoza]
en fusion (lave ~)	тафта	[tafta]
canyon (m)	оббурда, дара	[obburda], [dara]
défilé (m) (gorge)	дара	[dara]
crevasse (f)	тангно	[tangno]
précipice (m)	партгоҳ	[partgoh]
col (m) de montagne	ағба	[aʁba]
plateau (m)	пуштаи кӯҳ	[puʃtai kœh]
rocher (m)	шух	[ʃuχ]
colline (f)	теппа	[teppa]
glacier (m)	пирях	[pirjaχ]
chute (f) d'eau	шаршара	[ʃarʃara]
geyser (m)	гейзер	[gejzer]
lac (m)	кул	[kul]
plaine (f)	ҳамворӣ	[hamvori:]
paysage (m)	манзара	[manzara]
écho (m)	акси садо	[aksi sado]

alpiniste (m)	кӯҳнавард	[kœhnavard]
varappeur (m)	шухпаймо	[ʃuχpajmo]
conquérir (vt)	фатҳ кардан	[fath kardan]
ascension (f)	болобароӣ	[bolobaroi:]

128. Les noms des chaînes de montagne

Alpes (f pl)	Кӯҳҳои Алп	[kœhhoi alp]
Mont Blanc (m)	Монблан	[monblan]
Pyrénées (f pl)	Кӯҳҳои Пиреней	[kœhhoi pirenej]
Carpates (f pl)	Кӯҳҳои Карпат	[kœhhoi karpat]
Monts Oural (m pl)	Кӯҳҳои Урал	[kœhhoi ural]
Caucase (m)	Кӯҳҳои Кавказ	[kœhhoi kavkaz]
Elbrous (m)	Елбруз	[elbruz]
Altaï (m)	Алтай	[altaj]
Tian Chan (m)	Тиёншон	[tijɔnʃon]
Pamir (m)	Кӯҳҳои Помир	[kœhhoi pomir]
Himalaya (m)	Ҳимолой	[himoloj]
Everest (m)	Эверест	[ɛverest]
Andes (f pl)	Кӯҳҳои Анд	[kœhhoi and]
Kilimandjaro (m)	Килиманҷаро	[kilimandʒaro]

129. Les fleuves

rivière (f), fleuve (m)	дарё	[darjɔ]
source (f)	чашма	[tʃaʃma]
lit (m) (d'une rivière)	маҷрои дарё	[madʒroi darjɔ]
bassin (m)	ҳавза	[havza]
se jeter dans ...	рехтан ба ...	[reχtan ba]
affluent (m)	шохоб	[ʃoχob]
rive (f)	соҳил	[sohil]
courant (m)	ҷараён	[dʒarajon]
en aval	мувофиқи рафти об	[muvofiqi rafti ob]
en amont	муқобили самти об	[muqobili samti ob]
inondation (f)	обхезӣ	[obχezi:]
les grandes crues	обхез	[obχez]
déborder (vi)	дамидан	[damidan]
inonder (vt)	зер кардан	[zer kardan]
bas-fond (m)	тунукоба	[tunukoba]
rapide (m)	мавҷрез	[mavdʒrez]
barrage (m)	сарбанд	[sarband]
canal (m)	канал	[kanal]
lac (m) de barrage	обанбор	[obanbor]
écluse (f)	шлюз	[ʃljuz]

plan (m) d'eau	обанбор	[obanbor]
marais (m)	ботлоқ, ботқоқ	[botloq], [botqoq]
fondrière (f)	ботлоқ	[botloq]
tourbillon (m)	гирдоб	[girdob]
ruisseau (m)	ҷӯй	[dʒœj]
potable (adj)	нӯшиданӣ	[nœʃidani:]
douce (l'eau ~)	ширин	[ʃirin]
glace (f)	ях	[jaχ]
être gelé	ях бастан	[jaχ bastan]

130. Les noms des fleuves

Seine (f)	Сена	[sena]
Loire (f)	Луара	[luara]
Tamise (f)	Темза	[temza]
Rhin (m)	Рейн	[rejn]
Danube (m)	Дунай	[dunaj]
Volga (f)	Волга	[volga]
Don (m)	Дон	[don]
Lena (f)	Лена	[lena]
Huang He (m)	Хуанхе	[χuanχe]
Yangzi Jiang (m)	Янсзи	[janszi]
Mékong (m)	Меконг	[mekong]
Gange (m)	Ганга	[ganga]
Nil (m)	Нил	[nil]
Congo (m)	Конго	[kongo]
Okavango (m)	Окаванго	[okavango]
Zambèze (m)	Замбези	[zambezi]
Limpopo (m)	Лимпопо	[limpopo]
Mississippi (m)	Миссисипи	[missisipi]

131. La forêt

forêt (f)	ҷангал	[dʒangal]
forestier (adj)	ҷангалӣ	[dʒangali:]
fourré (m)	ҷангалзор	[dʒangalzor]
bosquet (m)	дарахтзор	[daraχtzor]
clairière (f)	чаман	[tʃaman]
broussailles (f pl)	буттазор	[buttazor]
taillis (m)	буттазор	[buttazor]
sentier (m)	пайраҳа	[pajraha]
ravin (m)	оббурда	[obburda]
arbre (m)	дарахт	[daraχt]

feuille (f)	барг	[barg]
feuillage (m)	баргҳои дарахт	[barghoi daraχt]
chute (f) de feuilles	баргрезӣ	[bargrezi:]
tomber (feuilles)	рехтан	[reχtan]
sommet (m)	нӯг	[nœg]
rameau (m)	шох, шохча	[ʃoχ], [ʃoχtʃa]
branche (f)	шохи дарахг	[ʃoχi daraχg]
bourgeon (m)	муғча	[muʁdʒa]
aiguille (f)	сӯзан	[sœzan]
pomme (f) de pin	чалгӯза	[dʒalʁœza]
creux (m)	сӯрохи дарахт	[sœroχi daraχt]
nid (m)	ошёна, лона	[oʃjona], [lona]
terrier (m) (~ d'un renard)	хона	[χona]
tronc (m)	тана	[tana]
racine (f)	реша	[reʃa]
écorce (f)	пӯсти дарахт	[pœsti daraχt]
mousse (f)	ушна	[uʃna]
déraciner (vt)	реша кофтан	[reʃa koftan]
abattre (un arbre)	зада буридан	[zada buridan]
déboiser (vt)	бурида нест кардан	[burida nest kardan]
souche (f)	кундаи дарахт	[kundai daraχt]
feu (m) de bois	гулхан	[gulχan]
incendie (m)	сӯхтор, оташ	[sœχtor], [otaʃ]
éteindre (feu)	хомӯш кардан	[χomœʃ kardan]
garde (m) forestier	чангалбон	[dʒangalbon]
protection (f)	нигоҳбонӣ	[nigohboni:]
protéger (vt)	нигоҳбонӣ кардан	[nigohboni: kardan]
braconnier (m)	кӯруқшикан	[qœruqʃikan]
piège (m) à mâchoires	қапқон, дом	[qɑpqɔn], [dom]
cueillir (vt)	чидан	[tʃidan]
s'égarer (vp)	роҳ гум кардан	[roh gum kardan]

132. Les ressources naturelles

ressources (f pl) naturelles	захираҳои табий	[zaχirahoi tabi:i]
minéraux (m pl)	маъданҳои фоиданок	[ma'danhoi foidanok]
gisement (m)	кон, маъдаи	[kɔn], [ma'dai]
champ (m) (~ pétrolifère)	кон	[kon]
extraire (vt)	кандан	[kandan]
extraction (f)	канданӣ	[kandani:]
minerai (m)	маъдан	[ma'dan]
mine (f) (site)	кон	[kon]
puits (m) de mine	чоҳ	[tʃoh]
mineur (m)	конкан	[konkan]
gaz (m)	газ	[gaz]

gazoduc (m)	қубури газ	[quburi gaz]
pétrole (m)	нефт	[neft]
pipeline (m)	қубури нефт	[quburi neft]
tour (f) de forage	чоҳи нафт	[tʃohi naft]
derrick (m)	бурчи нафткашӣ	[burdʒi naftkaʃi:]
pétrolier (m)	танкер	[tanker]
sable (m)	рег	[reg]
calcaire (m)	оҳаксанг	[ohaksang]
gravier (m)	сангреза, шағал	[sangreza], [ʃaʁal]
tourbe (f)	торф	[torf]
argile (f)	гил	[gil]
charbon (m)	ангишт	[angiʃt]
fer (m)	оҳан	[ohan]
or (m)	зар, тилло	[zar], [tillo]
argent (m)	нуқра	[nuqra]
nickel (m)	никел	[nikel]
cuivre (m)	мис	[mis]
zinc (m)	руҳ	[ruh]
manganèse (m)	манган	[mangan]
mercure (m)	симоб	[simob]
plomb (m)	сурб	[surb]
minéral (m)	минерал, маъдан	[mineral], [ma'dan]
cristal (m)	булӯр, шӯша	[bulœr], [ʃœʃa]
marbre (m)	мармар	[marmar]
uranium (m)	уран	[uran]

La Terre. Partie 2

133. Le temps

temps (m)	обу ҳаво	[obu havo]
météo (f)	пешгӯии ҳаво	[peʃɡœiːi havo]
température (f)	ҳарорат	[harorat]
thermomètre (m)	ҳароратсанҷ	[haroratsandʒ]
baromètre (m)	барометр, ҳавосанҷ	[barometr], [havosandʒ]
humide (adj)	намнок	[namnok]
humidité (f)	намӣ, рутубат	[namiː], [rutubat]
chaleur (f) (canicule)	гармӣ	[garmiː]
torride (adj)	тафсон	[tafson]
il fait très chaud	ҳаво тафсон аст	[havo tafson ast]
il fait chaud	ҳаво гарм аст	[havo garm ast]
chaud (modérément)	гарм	[garm]
il fait froid	ҳаво сард аст	[havo sard ast]
froid (adj)	хунук, сард	[χunuk], [sard]
soleil (m)	офтоб	[oftob]
briller (soleil)	тобидан	[tobidan]
ensoleillé (jour ~)	... и офтоб	[i oftob]
se lever (vp)	баромадан	[baromadan]
se coucher (vp)	паст шудан	[past ʃudan]
nuage (m)	абр	[abr]
nuageux (adj)	... и абр, абрӣ	[i abr], [abriː]
nuée (f)	абри сиёҳ	[abri sijɔh]
sombre (adj)	абрнок	[abrnok]
pluie (f)	борон	[boron]
il pleut	борон меборад	[boron meborad]
pluvieux (adj)	серборон	[serboron]
bruiner (v imp)	сим-сим боридан	[sim-sim boridan]
pluie (f) torrentielle	борони сахт	[boroni saχt]
averse (f)	борони сел	[boroni sel]
forte (la pluie ~)	сахт	[saχt]
flaque (f)	кӯлмак	[kœlmak]
se faire mouiller	шилтиқ шудан	[ʃiltiq ʃudan]
brouillard (m)	туман	[tuman]
brumeux (adj)	... и туман	[i tuman]
neige (f)	барф	[barf]
il neige	барф меборад	[barf meborad]

134. Les intempéries. Les catastrophes naturelles

orage (m)	раъду барк	[ra'du bark]
éclair (m)	барк	[barq]
éclater (foudre)	дурахшидан	[duraxʃidan]
tonnerre (m)	тундар	[tundar]
gronder (tonnerre)	гулдуррос задан	[guldurros zadan]
le tonnerre gronde	раъд гулдуррос мезанад	[ra'd guldurros mezanad]
grêle (f)	жола	[ʒola]
il grêle	жола меборад	[ʒola meborad]
inonder (vt)	зер кардан	[zer kardan]
inondation (f)	обхезӣ	[obxezi:]
tremblement (m) de terre	заминҷунбӣ	[zamindʒunbi:]
secousse (f)	заминҷунбӣ,такон	[zamindʒunbi:,takon]
épicentre (m)	эпимарказ	[ɛpimarkaz]
éruption (f)	оташфишонӣ	[otaʃfiʃoni:]
lave (f)	гудоза	[gudoza]
tourbillon (m)	гирдбод	[girdbod]
tornade (f)	торнадо	[tornado]
typhon (m)	тӯфон	[tœfon]
ouragan (m)	тундбод	[tundbod]
tempête (f)	тӯфон, бӯрои	[tœfon], [bœroi]
tsunami (m)	сунами	[sunami]
cyclone (m)	сиклон	[siklon]
intempéries (f pl)	ҳавои бад	[havoi bad]
incendie (m)	сӯхтор, оташ	[sœxtor], [otaʃ]
catastrophe (f)	садама, фалокат	[sadama], [falokat]
météorite (m)	метеорит, шиҳобпора	[meteorit], [ʃihobpora]
avalanche (f)	тарма	[tarma]
éboulement (m)	тарма	[tarma]
blizzard (m)	бӯрони барфӣ	[bœroni barfi:]
tempête (f) de neige	бӯрон	[bœron]

La faune

135. Les mammifères. Les prédateurs

prédateur (m)	дарранда	[darranda]
tigre (m)	бабр, паланг	[babr], [palang]
lion (m)	шер	[ʃer]
loup (m)	гург	[gurg]
renard (m)	рӯбоҳ	[rœboh]
jaguar (m)	юзи ало	[juzi alo]
léopard (m)	паланг	[palang]
guépard (m)	юз	[juz]
panthère (f)	пантера	[pantera]
puma (m)	пума	[puma]
léopard (m) de neiges	шерпаланг	[ʃerpalang]
lynx (m)	силовсин	[silovsin]
coyote (m)	койот	[kojɔt]
chacal (m)	шагол	[ʃagol]
hyène (f)	кафтор	[kaftor]

136. Les animaux sauvages

animal (m)	ҳайвон	[hajvon]
bête (f)	ҳайвони ваҳшӣ	[hajvoni vahʃiː]
écureuil (m)	санҷоб	[sanʤob]
hérisson (m)	хорпушт	[χorpuʃt]
lièvre (m)	заргӯш	[zargœʃ]
lapin (m)	харгӯш	[χargœʃ]
blaireau (m)	қашқалдоқ	[qaʃqaldoq]
raton (m)	енот	[enot]
hamster (m)	миримӯшон	[mirimœʃon]
marmotte (f)	суғур	[suʁur]
taupe (f)	кӯрмуш	[kœrmuʃ]
souris (f)	муш	[muʃ]
rat (m)	калламуш	[kallamuʃ]
chauve-souris (f)	кӯршапарак	[kœrʃaparak]
hermine (f)	қоқум	[qoqum]
zibeline (f)	самур	[samur]
martre (f)	савсор	[savsor]
belette (f)	росу	[rosu]
vison (m)	вашақ	[vaʃaq]

| castor (m) | кундуз | [kunduz] |
| loutre (f) | сагоби | [sagobi] |

cheval (m)	асп	[asp]
élan (m)	шоҳгавазн	[ʃohgavazn]
cerf (m)	гавазн	[gavazn]
chameau (m)	шутур, уштур	[ʃutur], [uʃtur]

bison (m)	бизон	[bizon]
aurochs (m)	гови ваҳшӣ	[govi vahʃiː]
buffle (m)	говмеш	[govmeʃ]

zèbre (m)	гӯрхар	[gœrχar]
antilope (f)	антилопа, ғизол	[antilopa], [ʁizol]
chevreuil (m)	оху	[ohu]
biche (f)	оху	[ohu]
chamois (m)	нахчир, бузи кӯҳӣ	[naχtʃir], [buzi kœhiː]
sanglier (m)	хуки ваҳши	[χuki vahʃi]

baleine (f)	кит, наҳанг	[kit], [nahang]
phoque (m)	тюлен	[tjulen]
morse (m)	морж	[morʒ]
ours (m) de mer	гурбаи обӣ	[gurbai obiː]
dauphin (m)	делфин	[delfin]

ours (m)	хирс	[χirs]
ours (m) blanc	хирси сафед	[χirsi safed]
panda (m)	панда	[panda]

singe (m)	маймун	[majmun]
chimpanzé (m)	шимпанзе	[ʃimpanze]
orang-outang (m)	орангутанг	[orangutang]
gorille (m)	горилла	[gorilla]
macaque (m)	макака	[makaka]
gibbon (m)	гиббон	[gibbon]

éléphant (m)	фил	[fil]
rhinocéros (m)	карк, каркадан	[kark], [karkadan]
girafe (f)	заррофа	[zarrofa]
hippopotame (m)	баҳмут	[bahmut]

| kangourou (m) | кенгуру | [kenguru] |
| koala (m) | коала | [koala] |

mangouste (f)	росу	[rosu]
chinchilla (f)	вашақ	[vaʃaq]
mouffette (f)	скунс	[skuns]
porc-épic (m)	чайра, дугпушт	[dʒajra], [dugpuʃt]

137. Les animaux domestiques

chat (m) (femelle)	гурба	[gurba]
chat (m) (mâle)	гурбаи нар	[gurbai nar]
chien (m)	саг	[sag]

cheval (m)	асп	[asp]
étalon (m)	айғир, аспи нар	[ajʁir], [aspi nar]
jument (f)	модиён, байтал	[mɔdijɔn], [bajtal]
vache (f)	гов	[gov]
taureau (m)	барзагов	[barzagov]
bœuf (m)	барзагов	[barzagov]
brebis (f)	меш, ғӯсфанд	[meʃ], [gœsfand]
mouton (m)	ғӯсфанд	[gœsfand]
chèvre (f)	буз	[buz]
bouc (m)	така, серка	[taka], [serka]
âne (m)	хар, маркаб	[χar], [markab]
mulet (m)	хачир	[χatʃir]
cochon (m)	хуқ	[χuq]
pourceau (m)	хукбача	[χukbatʃa]
lapin (m)	харгӯш	[χargœʃ]
poule (f)	мурғ	[murʁ]
coq (m)	хурӯс	[χurœs]
canard (m)	мурғобӣ	[murʁobi:]
canard (m) mâle	мурғобии нар	[murʁobi:i nar]
oie (f)	қоз, ғоз	[qoz], [ʁoz]
dindon (m)	хурӯси мурғи марчон	[χurœsi murʁi mardʒon]
dinde (f)	мокиёни мурғи марчон	[mokijɔni murʁi mardʒon]
animaux (m pl) domestiques	хайвони хонагӣ	[hajvoni χonagi:]
apprivoisé (adj)	ромшуда	[romʃuda]
apprivoiser (vt)	дастомӯз кардан	[dastomœz kardan]
élever (vt)	калон кардан	[kalon kardan]
ferme (f)	ферма	[fɛrma]
volaille (f)	паррандаи хонагӣ	[parrandai χonagi:]
bétail (m)	чорво	[tʃorvo]
troupeau (m)	пода	[poda]
écurie (f)	саисхона, аспхона	[saisχona], [aspχona]
porcherie (f)	хукхона	[χukχona]
vacherie (f)	оғил, говхона	[oʁil], [govχona]
cabane (f) à lapins	харгӯшхона	[χargœʃχona]
poulailler (m)	мурғхона	[murʁχona]

138. Les oiseaux

oiseau (m)	паранда	[paranda]
pigeon (m)	кафтар	[kaftar]
moineau (m)	гунчишк, чумчук	[gundʒiʃk], [tʃumtʃuk]
mésange (f)	фотимачумчук	[fotimatʃumtʃuq]
pie (f)	акка	[akka]
corbeau (m)	зоғ	[zoʁ]

corneille (f)	зоғиало	[zoʁi alo]
choucas (m)	зоғча	[zoʁtʃa]
freux (m)	шӯрнӯл	[ʃœrnœl]
canard (m)	мурғобӣ	[murʁobi:]
oie (f)	қоз, ғоз	[qoz], [ʁoz]
faisan (m)	тазарв	[tazarv]
aigle (m)	укоб	[ukob]
épervier (m)	пайғу	[pajʁu]
faucon (m)	боз, шоҳин	[boz], [ʃohin]
vautour (m)	каргас	[kargas]
condor (m)	кондор	[kondor]
cygne (m)	қу	[qu]
grue (f)	куланг, турна	[kulang], [turna]
cigogne (f)	лаклак	[laklak]
perroquet (m)	тӯтӣ	[tœti:]
colibri (m)	колибри	[kolibri]
paon (m)	товус	[tovus]
autruche (f)	шутурмурғ	[ʃuturmurʁ]
héron (m)	ҳавосил	[havosil]
flamant (m)	бутимор	[butimor]
pélican (m)	мурғи саққо	[murʁi saqqo]
rossignol (m)	булбул	[bulbul]
hirondelle (f)	фароштурук	[faroʃturuk]
merle (m)	дурроч	[durrodʒ]
grive (f)	дуррочи хушхон	[durrodʒi χuʃχon]
merle (m) noir	дуррочи сиёҳ	[durrodʒi sijɔh]
martinet (m)	досак	[dosak]
alouette (f) des champs	чӯр, чаковак	[dʒœr], [tʃakovak]
caille (f)	бедона	[bedona]
coucou (m)	фохтак	[foχtak]
chouette (f)	бум, чуғз	[bum], [dʒuʁz]
hibou (m)	чуғз	[tʃuʁz]
tétras (m)	дурроч	[durrodʒ]
tétras-lyre (m)	титав	[titav]
perdrix (f)	кабк, каклик	[kabk], [kaklik]
étourneau (m)	сор, соч	[sor], [sotʃ]
canari (m)	канарейка	[kanarejka]
gélinotte (f) des bois	рябчик	[rjabtʃik]
pinson (m)	саъва	[sa'va]
bouvreuil (m)	севғар	[sevʁar]
mouette (f)	моҳихӯрак	[mohiχœrak]
albatros (m)	уқоби баҳрӣ	[uqobi bahri:]
pingouin (m)	пингвин	[pingvin]

139. Les poissons. Les animaux marins

brème (f)	симмоҳӣ	[simmohi:]
carpe (f)	капур	[kapur]
perche (f)	аломоҳӣ	[alomohi:]
silure (m)	лаққамоҳӣ	[laqqamohi:]
brochet (m)	шӯртан	[ʃœrtan]
saumon (m)	озодмоҳӣ	[ozodmohi:]
esturgeon (m)	тосмоҳӣ	[tosmohi:]
hareng (m)	шӯрмоҳӣ	[ʃœrmohi:]
saumon (m) atlantique	озодмоҳӣ	[ozodmoχi:]
maquereau (m)	загӯтамоҳӣ	[zaʁœtamohi:]
flet (m)	камбала	[kambala]
sandre (f)	суфмоҳӣ	[sufmohi:]
morue (f)	равғанмоҳӣ	[ravʁanmohi:]
thon (m)	самак	[samak]
truite (f)	гулмоҳӣ	[gulmohi:]
anguille (f)	мормоҳӣ	[mormohi:]
torpille (f)	скати барқдор	[skati barqdor]
murène (f)	мурена	[murena]
piranha (f)	пираня	[piranja]
requin (m)	наҳанг	[nahang]
dauphin (m)	делфин	[delfin]
baleine (f)	кит, наҳанг	[kit], [nahang]
crabe (m)	харчанг	[χartʃang]
méduse (f)	медуза	[meduza]
pieuvre (f), poulpe (m)	ҳаштпо	[haʃtpo]
étoile (f) de mer	ситораи баҳрӣ	[sitorai bahri:]
oursin (m)	хорпушти баҳрӣ	[χorpuʃti bahri:]
hippocampe (m)	аспакмоҳӣ	[aspakmohi:]
huître (f)	садафак	[sadafak]
crevette (f)	креветка	[krevetka]
homard (m)	харчанги баҳрӣ	[χartʃangi bahri:]
langoustine (f)	лангуст	[langust]

140. Les amphibiens. Les reptiles

serpent (m)	мор	[mor]
venimeux (adj)	заҳрдор	[zahrdor]
vipère (f)	мори афъӣ	[mori afʼi:]
cobra (m)	мори айнакдор, кӯбро	[mori ajnakdor], [kœbro]
python (m)	мори печон	[mori petʃon]
boa (m)	мори печон	[mori petʃon]
couleuvre (f)	мори обӣ	[mori obi:]

serpent (m) à sonnettes	шақшақамор	[ʃaqʃaqamor]
anaconda (m)	анаконда	[anakonda]
lézard (m)	калтакалос	[kaltakalos]
iguane (m)	сусмор, игуана	[susmor], [iguana]
varan (m)	сусмор	[susmor]
salamandre (f)	калтакалос	[kaltakalos]
caméléon (m)	бӯқаламун	[bœqalamun]
scorpion (m)	каждум	[kaʒdum]
tortue (f)	сангпушт	[sangpuʃt]
grenouille (f)	қурбоққа	[qurboqqa]
crapaud (m)	ғук, қурбоққаи чӯлӣ	[ʁuk], [qurboqqai tʃœli:]
crocodile (m)	тимсоҳ	[timsoh]

141. Les insectes

insecte (m)	ҳашарот	[haʃarot]
papillon (m)	шапалак	[ʃapalak]
fourmi (f)	мӯрча	[mœrtʃa]
mouche (f)	магас	[magas]
moustique (m)	пашша	[paʃʃa]
scarabée (m)	гамбуск	[gambusk]
guêpe (f)	ору	[oru]
abeille (f)	занбӯри асал	[zanbœri asal]
bourdon (m)	говзанбӯр	[govzanbœr]
œstre (m)	ғурмагас	[ʁurmagas]
araignée (f)	тортанак	[tortanak]
toile (f) d'araignée	тори тортанак	[tori tortanak]
libellule (f)	сӯзанак	[sœzanak]
sauterelle (f)	малах	[malax]
papillon (m)	шапалак	[ʃapalak]
cafard (m)	нонхӯрак	[nonxœrak]
tique (f)	кана	[kana]
puce (f)	кайк	[kajk]
moucheron (m)	пашша	[paʃʃa]
criquet (m)	малах	[malax]
escargot (m)	тӯкумшуллуқ	[tœkumʃulluq]
grillon (m)	чирчирак	[tʃirtʃirak]
luciole (f)	шабтоб	[ʃabtob]
coccinelle (f)	момохолак	[momoχolak]
hanneton (m)	гамбуски саврӣ	[gambuski savri:]
sangsue (f)	шуллук	[ʃulluk]
chenille (f)	кирм	[kirm]
ver (m)	кирм	[kirm]
larve (f)	кирм	[kirm]

La flore

142. Les arbres

arbre (m)	дарахт	[daraχt]
à feuilles caduques	паҳнбарг	[pahnbarg]
conifère (adj)	... и сӯзанбарг	[i sœzanbarg]
à feuilles persistantes	ҳамешасабз	[hameʃasabz]
pommier (m)	дарахти себ	[daraχti seb]
poirier (m)	дарахти нок	[daraχti nok]
merisier (m)	дарахти гелос	[daraχti gelos]
cerisier (m)	дарахти олуболу	[daraχti olubolu]
prunier (m)	дарахти олу	[daraχti olu]
bouleau (m)	тӯс	[tœs]
chêne (m)	булут	[bulut]
tilleul (m)	зерфун	[zerfun]
tremble (m)	сиёхбед	[sijɔhbed]
érable (m)	заранг	[zarang]
épicéa (m)	коч, ел	[kodʒ], [el]
pin (m)	санавбар	[sanavbar]
mélèze (m)	кочи баргрез	[kodʒi bargrez]
sapin (m)	пихта	[piχta]
cèdre (m)	дарахти чалғӯза	[daraχti dʒalʁœza]
peuplier (m)	сафедор	[safedor]
sorbier (m)	ғубайро	[ʁubajro]
saule (m)	бед	[bod]
aune (m)	роздор	[rozdor]
hêtre (m)	бук, олаш	[buk], [olaʃ]
orme (m)	дарахти ларг	[daraχti larg]
frêne (m)	шумтол	[ʃumtol]
marronnier (m)	шохбулут	[ʃohbulut]
magnolia (m)	магнолия	[magnolija]
palmier (m)	нахл	[naχl]
cyprès (m)	дарахти сарв	[daraχti sarv]
palétuvier (m)	дарахти анбаҳ	[daraχti anbah]
baobab (m)	баобаб	[baobab]
eucalyptus (m)	эвкалипт	[ɛvkalipt]
séquoia (m)	секвойя	[sekvojja]

143. Les arbustes

buisson (m)	бутта	[butta]
arbrisseau (m)	бутта	[butta]

| vigne (f) | ток | [tok] |
| vigne (f) (vignoble) | токзор | [tokzor] |

framboise (f)	тамашк	[tamaʃk]
cassis (m)	қоти сиёҳ	[qoti sijɔh]
groseille (f) rouge	коти сурх	[koti surχ]
groseille (f) verte	бектошӣ	[bektoʃiː]

acacia (m)	акатсия, ақоқиё	[akatsija], [aqoqijɔ]
berbéris (m)	буттаи зирк	[buttai zirk]
jasmin (m)	ёсуман	[jɔsuman]

genévrier (m)	арча, ардач	[artʃa], [ardadʒ]
rosier (m)	буттаи гул	[buttai gul]
églantier (m)	хуч	[χutʃ]

144. Les fruits. Les baies

| fruit (m) | мева, самар | [meva], [samar] |
| fruits (m pl) | меваҳо, самарҳо | [mevaho], [samarho] |

pomme (f)	себ	[seb]
poire (f)	мурӯд, нок	[murœd], [nok]
prune (f)	олу	[olu]

fraise (f)	кулфинай	[qulfinaj]
cerise (f)	олуболу	[olubolu]
merise (f)	гелос	[gelos]
raisin (m)	ангур	[angur]

framboise (f)	тамашк	[tamaʃk]
cassis (m)	қоти сиёҳ	[qoti sijɔh]
groseille (f) rouge	коти сурх	[koti surχ]
groseille (f) verte	бектошӣ	[bektoʃiː]
canneberge (f)	клюква	[kljukva]

orange (f)	афлесун, пӯртахол	[aflesun], [pœrtaχol]
mandarine (f)	норанг	[norang]
ananas (m)	ананас	[ananas]
banane (f)	банан	[banan]
datte (f)	хурмо	[χurmo]

citron (m)	лиму	[limu]
abricot (m)	дарахти зардолу	[daraχti zardolu]
pêche (f)	шафтолу	[ʃaftolu]

| kiwi (m) | кивӣ | [kiviː] |
| pamplemousse (m) | норинч | [norindʒ] |

baie (f)	буттамева	[buttameva]
baies (f pl)	буттамеваҳо	[buttamevaho]
airelle (f) rouge	брусника	[brusnika]
fraise (f) des bois	тути заминӣ	[tuti zaminiː]
myrtille (f)	черника	[tʃernika]

145. Les fleurs. Les plantes

fleur (f)	гул	[gul]
bouquet (m)	дастаи гул	[dastai gul]
rose (f)	гул, гули садбарг	[gul], [guli sadbarg]
tulipe (f)	лола	[lola]
oeillet (m)	гули меҳак	[guli meχak]
glaïeul (m)	гули ёқут	[guli joqut]
bleuet (m)	тугмагул	[tugmagul]
campanule (f)	гули момо	[guli momo]
dent-de-lion (f)	коқу	[koqu]
marguerite (f)	бобуна	[bobuna]
aloès (m)	уд, сабр, алоэ	[ud], [sabr], [aloɛ]
cactus (m)	гули ханҷарӣ	[guli χandʒari:]
ficus (m)	тутанҷир	[tutandʒir]
lis (m)	савсан	[savsan]
géranium (m)	анҷибар	[andʒibar]
jacinthe (f)	сунбул	[sunbul]
mimosa (m)	нозгул	[nozgul]
jonquille (f)	наргис	[nargis]
capucine (f)	настаран	[nastaran]
orchidée (f)	саҳлаб, сӯҳлаб	[sahlab], [sœhlab]
pivoine (f)	гули ашрафӣ	[guli aʃrafi:]
violette (f)	бунафша	[bunaʃʃa]
pensée (f)	бунафшаи фарангӣ	[bunaʃʃai farangi:]
myosotis (m)	марзангӯш	[marzangœʃ]
pâquerette (f)	гули марворидак	[guli marvoridak]
coquelicot (m)	кӯкнор	[kœknor]
chanvre (m)	бангдона, канаб	[bangdona], [kanab]
menthe (f)	пудина	[pudina]
muguet (m)	гули барфак	[guli barfak]
perce-neige (f)	бойчечак	[bojtʃetʃak]
ortie (f)	газна	[gazna]
oseille (f)	шилха	[ʃilχa]
nénuphar (m)	нилуфари сафед	[nilufari safed]
fougère (f)	фарн	[farn]
lichen (m)	гулсанг	[gulsang]
serre (f) tropicale	гулхона	[gulχona]
gazon (m)	чаман, сабзазор	[tʃaman], [sabzazor]
parterre (m) de fleurs	гулзор	[gulzor]
plante (f)	растанӣ	[rastani:]
herbe (f)	алаф	[alaf]
brin (m) d'herbe	хас	[χas]

feuille (f)	барг	[barg]
pétale (m)	гулбарг	[gulbarg]
tige (f)	поя	[poja]
tubercule (m)	бех, дона	[beχ], [dona]
pousse (f)	неш	[neʃ]
épine (f)	хор	[χor]
fleurir (vi)	гул кардан	[gul kardan]
se faner (vp)	пажмурда шудан	[paʒmurda ʃudan]
odeur (f)	бӯй	[bœj]
couper (vt)	буридан	[buridan]
cueillir (fleurs)	кандан	[kandan]

146. Les céréales

grains (m pl)	дона, ғалла	[dona], [ʁalla]
céréales (f pl) (plantes)	растаниҳои ғалладона	[rastanihoi ʁalladona]
épi (m)	хӯша	[χœʃa]
blé (m)	гандум	[gandum]
seigle (m)	чавдор	[dʒavdor]
avoine (f)	хуртумон	[hurtumon]
millet (m)	арзан	[arzan]
orge (f)	чав	[dʒav]
maïs (m)	чуворимакка	[dʒuvorimakka]
riz (m)	шолӣ, биринҷ	[ʃoli:], [birindʒ]
sarrasin (m)	марчумак	[mardʒumak]
pois (m)	нахӯд	[naχœd]
haricot (m)	лӯбиё	[lœbijɔ]
soja (m)	соя	[soja]
lentille (f)	наск	[nask]
fèves (f pl)	лӯбиё	[lœbijɔ]

LES PAYS DU MONDE. LES NATIONALITÉS

147. L'Europe de l'Ouest

Union (f) européenne	Иттиҳоди Аврупо	[ittihodi avrupo]
Autriche (f)	Австрия	[avstrija]
Grande-Bretagne (f)	Инглистон	[ingliston]
Angleterre (f)	Англия	[anglija]
Belgique (f)	Белгия	[belgija]
Allemagne (f)	Олмон	[olmon]
Pays-Bas (m)	Холанд	[holand]
Hollande (f)	Холландия	[hollandija]
Grèce (f)	Юнон	[junon]
Danemark (m)	Дания	[danija]
Irlande (f)	Ирландия	[irlandija]
Islande (f)	Исландия	[islandija]
Espagne (f)	Испониё	[isponijo]
Italie (f)	Итолиё	[itolijo]
Chypre (m)	Кипр	[kipr]
Malte (f)	Малта	[malta]
Norvège (f)	Норвегия	[norvegija]
Portugal (m)	Португалия	[portugalija]
Finlande (f)	Финланд	[finland]
France (f)	Фаронса	[faronsa]
Suède (f)	Шветсия	[ʃvetsija]
Suisse (f)	Швейсария	[ʃvejsarija]
Écosse (f)	Шотландия	[ʃotlandija]
Vatican (m)	Вотикон	[votikon]
Liechtenstein (m)	Лихтенштейн	[liχtenʃtejn]
Luxembourg (m)	Люксембург	[ljuksemburg]
Monaco (m)	Монако	[monako]

148. L'Europe Centrale et l'Europe de l'Est

Albanie (f)	Албания	[albanija]
Bulgarie (f)	Булғористон	[bulƣoriston]
Hongrie (f)	Мачористон	[madʒoriston]
Lettonie (f)	Латвия	[latvija]
Lituanie (f)	Литва	[litva]
Pologne (f)	Полша, Лаҳистон	[polʃa], [lahiston]
Roumanie (f)	Руминия	[ruminija]
Serbie (f)	Сербия	[serbija]

Slovaquie (f)	Словакия	[slovakija]
Croatie (f)	Хорватия	[χorvatija]
République (f) Tchèque	Чехия	[ʧeχija]
Estonie (f)	Эстония	[ɛstonija]

Bosnie (f)	Босния ва Ҳерсеговина	[bosnija va hersegovina]
Macédoine (f)	Мақдуния	[maqdunija]
Slovénie (f)	Словения	[slovenija]
Monténégro (m)	Монтенегро	[montenegro]

149. Les pays de l'ex-U.R.S.S.

| Azerbaïdjan (m) | Озарбойҷон | [ozarbojdʒon] |
| Arménie (f) | Арманистон | [armaniston] |

Biélorussie (f)	Беларус	[belarus]
Géorgie (f)	Гурҷистон	[gurdʒiston]
Kazakhstan (m)	Қазоқистон	[qazoqiston]
Kirghizistan (m)	Қирғизистон	[qirʁiziston]
Moldavie (f)	Молдова	[moldova]

| Russie (f) | Россия | [rossija] |
| Ukraine (f) | Украйина | [ukrajina] |

Tadjikistan (m)	Тоҷикистон	[todʒikiston]
Turkménistan (m)	Туркманистон	[turkmaniston]
Ouzbékistan (m)	Ӯзбакистон	[œzbakiston]

150. L'Asie

Asie (f)	Осиё	[osijɔ]
Vietnam (m)	Ветнам	[vetnam]
Inde (f)	Ҳиндустон	[hinduston]
Israël (m)	Исроил	[isroil]

Chine (f)	Чин	[ʧin]
Liban (m)	Лубнон	[lubnon]
Mongolie (f)	Муғулистон	[muʁuliston]

| Malaisie (f) | Малайзия | [malajzija] |
| Pakistan (m) | Покистон | [pokiston] |

Arabie (f) Saoudite	Арабистони Сауди	[arabistoni saudi:]
Thaïlande (f)	Таиланд	[tailand]
Taïwan (m)	Тайван	[tajvan]
Turquie (f)	Туркия	[turkija]
Japon (m)	Жопун, Ҷопон	[ʒopun], [dʒopon]

Afghanistan (m)	Афғонистон	[afʁoniston]
Bangladesh (m)	Бангладеш	[bangladeʃ]
Indonésie (f)	Индонезия	[indonezija]
Jordanie (f)	Урдун	[urdun]

Iraq (m)	Ироқ	[iroq]
Iran (m)	Эрон	[ɛron]
Cambodge (m)	Камбоча	[kambodʒa]
Koweït (m)	Кувайт	[kuvajt]
Laos (m)	Лаос	[laos]
Myanmar (m)	Мянма	[mjanma]
Népal (m)	Непал	[nepal]
Fédération (f) des Émirats Arabes Unis	Иморатхои Муттаҳидаи Араб	[imorathoi muttahidai arab]
Syrie (f)	Сурия	[surija]
Palestine (f)	Фаластин	[falastin]
Corée (f) du Sud	Кореяи Ҷанубӣ	[korejai dʒanubi:]
Corée (f) du Nord	Кореяи Шимолӣ	[korejai ʃimoli:]

151. L'Amérique du Nord

Les États Unis	Иёлоти Муттаҳидаи Америка	[ijoloti muttahidai amerika]
Canada (m)	Канада	[kanada]
Mexique (m)	Мексика	[meksika]

152. L'Amérique Centrale et l'Amérique du Sud

Argentine (f)	Аргентина	[argentina]
Brésil (m)	Бразилия	[brazilija]
Colombie (f)	Колумбия	[kolumbija]
Cuba (f)	Куба	[kuba]
Chili (m)	Чиле	[tʃile]
Bolivie (f)	Боливия	[bolivija]
Venezuela (f)	Венесуэла	[venesuɛla]
Paraguay (m)	Парагвай	[paragvaj]
Pérou (m)	Перу	[peru]
Surinam (m)	Суринам	[surinam]
Uruguay (m)	Уругвай	[urugvaj]
Équateur (m)	Эквадор	[ɛkvador]
Bahamas (f pl)	Ҷазираҳои Багам	[dʒazirahoi bagam]
Haïti (m)	Гаити	[gaiti]
République (f) Dominicaine	Ҷумҳурии Доминикан	[dʒumhuri:i dominikan]
Panamá (m)	Панама	[panama]
Jamaïque (f)	Ямайка	[jamajka]

153. L'Afrique

Égypte (f)	Миср	[misr]
Maroc (m)	Марокаш	[marokaʃ]

Tunisie (f)	Тунис	[tunis]
Ghana (m)	Гана	[gana]
Zanzibar (m)	Занзибар	[zanzibar]
Kenya (m)	Кения	[kenija]
Libye (f)	Либия	[libija]
Madagascar (f)	Мадагаскар	[madagaskar]
Namibie (f)	Намибия	[namibija]
Sénégal (m)	Сенегал	[senegal]
Tanzanie (f)	Танзания	[tanzanija]
République (f) Sud-africaine	Африқои Ҷанубӣ	[afriqoi dʒanubi:]

154. L'Australie et Océanie

Australie (f)	Австралия	[avstralija]
Nouvelle Zélande (f)	Зеландияи Нав	[zelandijai nav]
Tasmanie (f)	Тасмания	[tasmanija]
Polynésie (f) Française	Полинезияи Фаронсавӣ	[polinezijai faronsavi:]

155. Les grandes villes

Amsterdam (f)	Амстердам	[amsterdam]
Ankara (m)	Анкара	[ankara]
Athènes (m)	Афина	[afina]
Bagdad (m)	Бағдод	[baʁdod]
Bangkok (m)	Бангкок	[bangkok]
Barcelone (f)	Барселона	[barselona]
Berlin (m)	Берлин	[berlin]
Beyrouth (m)	Бейрут	[bejrut]
Bombay (m)	Бомбей	[bombej]
Bonn (f)	Бонн	[bonn]
Bordeaux (f)	Бордо	[bordo]
Bratislava (m)	Братислава	[bratislava]
Bruxelles (m)	Брюссел	[brjussel]
Bucarest (m)	Бухарест	[buxarest]
Budapest (m)	Будапешт	[budapeʃt]
Caire (m)	Қоҳира	[qohira]
Calcutta (f)	Калкутта	[kalkutta]
Chicago (f)	Чикаго	[tʃikago]
Copenhague (f)	Копенҳаген	[kopenhagen]
Dar es-Salaam (f)	Дар ес Салаам	[dar es salaam]
Delhi (f)	Деҳли	[dehli]
Dubaï (f)	Дубай	[dubaj]
Dublin (f)	Дублин	[dublin]
Florence (f)	Флоренсия	[florensija]
Francfort (f)	Франкфурт	[frankfurt]

Genève (f)	Женева	[ʒeneva]
Hague (f)	Гаага	[gaaga]
Hambourg (f)	Гамбург	[gamburg]
Hanoi (f)	Ҳаной	[hanoj]
Havane (f)	Гавана	[gavana]
Helsinki (f)	Хелсинки	[helsinki]
Hiroshima (f)	Ҳиросима	[hirosima]
Hong Kong (m)	Ҳонг Конг	[hong kong]
Istanbul (f)	Истамбул	[istambul]
Jérusalem (f)	Иерусалим	[ierusalim]
Kiev (f)	Киев	[kiev]
Kuala Lumpur (f)	Куала Лумпур	[kuala lumpur]
Lisbonne (f)	Лиссабон	[lissabon]
Londres (m)	Лондон	[london]
Los Angeles (f)	Лос-Анҷелес	[los-andʒeles]
Lyon (f)	Лион	[lion]
Madrid (f)	Мадрид	[madrid]
Marseille (f)	Марсел	[marsel]
Mexico (f)	Мехико	[meχiko]
Miami (f)	Майами	[majami]
Montréal (f)	Монреал	[monreal]
Moscou (f)	Москва	[moskva]
Munich (f)	Мюнхен	[mjunχen]
Nairobi (f)	Найроби	[najrobi]
Naples (f)	Неапол	[neapol]
New York (f)	Ню Йорк	[nju jork]
Nice (f)	Нитсса	[nitssa]
Oslo (m)	Осло	[oslo]
Ottawa (m)	Оттава	[ottava]
Paris (m)	Париж	[pariʒ]
Pékin (m)	Пекин	[pekin]
Prague (m)	Прага	[praga]
Rio de Janeiro (m)	Рио-де-Жанейро	[rio-de-ʒanejro]
Rome (f)	Рим	[rim]
Saint-Pétersbourg (m)	Санкт-Петербург	[sankt-peterburg]
Séoul (m)	Сеул	[seul]
Shanghai (m)	Шанҳай	[ʃanhaj]
Sidney (m)	Сидней	[sidnej]
Singapour (f)	Сингапур	[singapur]
Stockholm (m)	Стокҳолм	[stokholm]
Taipei (m)	Тайпей	[tajpej]
Tokyo (m)	Токио	[tokio]
Toronto (m)	Торонто	[toronto]
Varsovie (f)	Варшава	[varʃava]
Venise (f)	Венетсия	[venetsija]
Vienne (f)	Вена	[vena]
Washington (f)	Вашингтон	[vaʃington]

www.ingramcontent.com/pod-product-compliance
Lightning Source LLC
Chambersburg PA
CBHW070601050426
42450CB00011B/2937